思春期青年期ケース研究 7

学校カウンセリング
○

井上洋一・清水將之　責任編集
思春期青年期ケース研究編集委員会編

岩崎学術出版社

「思春期青年期ケース研究」編集委員

小倉　　清（クリニックおぐら）
乾　　吉佑（専修大学）
岩田　泰子（県立神奈川こども医療センター）
生地　　新（山形大学）
狩野力八郎（東海大学）
神庭　重信（山梨医科大学）
齊藤万比古（国立精神・神経センター）
渋沢田鶴子（コロンビア大学・ニューヨーク）
生島　　浩（法務省浦和保護観察所）
舘　　哲朗（東海大学）
堤　　　啓（福岡大学）
中村留貴子（千駄ヶ谷心理センター）
成田　善弘（椙山女学園大学）
本間　博彰（宮城福祉センター）
村上　靖彦（名古屋大学）
若林慎一郎（金城学院大学）

井上　洋一（大阪大学）
牛島　定信（東京慈恵会医科大学）
笠原　敏彦（国立国際医療センター）
川谷　大治（川谷医院）
北西　憲二（森田療法研究所）
坂口　正道（東京都立府中病院）
清水　將之（三重県立小児心療センターあすなろ学園）
高橋　俊彦（名古屋大学）
館　　直彦（東京慈恵会医科大学）
中村　伸一（中村心理療法研究室）
中安　信夫（東京大学）
樋口　輝彦（昭和大学藤が丘病院）
溝口　純二（東京都精神医学総合研究所）
守屋　直樹（社会保険埼玉中央病院）

刊行にあたって

　思春期青年期ケース研究のシリーズを刊行するにあたり，若干の事柄にふれておきたい。

　わが国で思春期・青年期の症例が臨床の場で扱われるようになって，もうかなりの年月がたっている。そして今日においては，好むと好まざるとを問わず，精神科臨床に携わっている者は，等しくこの年齢群の人びとに出会うことになってきているのが実情であろう。それにしたがって，これまでにも思春期青年期精神医学に関する成書，手引書，解説書などの刊行は，翻訳されたものも含めて，もうかなりの数にのぼっているといってよい。それにもかかわらずというべきか，それとも，それだからこそというべきか，もっと臨床の実際に即したものに接したいという希望が多くなってきているという指摘が強くある。さまざまの立場の臨床家による，さまざまの臨床のありようをお互いに示しあい，お互いから学ぶということがあってもよいのではないかという声である。そこがこのシリーズの出発点になっているわけである。

　本シリーズでは理論について云々するよりも個々の治療者の持ち味，個性，考え方などを臨床例をとおして，よくもわるくも生々しく提示していただくということを目的としている。臨床の場でなされたままをさらけ出すのである。そうでなければ臨床例集としての意味が薄れると思えるからである。しかしそこですぐに問題になるのは，クライエントの秘密の保持ということである。この点に関しては各執筆者に最大限の配慮をお願いすることになった。実際，その点が一番の苦労を要したところであったと言えるのではなかろうか。クライエントの秘密を守ることと，そして臨床例から学ぶということの重さをはかることである。このことは今後ともに，

このシリーズの最大の眼目となるであろう。

　この企画のすすめ方については，本筋，以下のようにとりきめている。各シリーズの執筆の仕方や構成は，窮屈に統一したものとはせず，編集を担当する方の裁量にまかせる。たとえば，各執筆者をまじえての座談会を最後にのせるとか，一例一例についてのコメントを編者に書いていただく。あるいは，全体を通してコメントを書いていただく。また症例によっては編集担当以外の方にコメントをいただくという具合である。場合によってはそういうコメントに対して執筆者が御自分の意見なり感想をさらに述べていただくこともありうる。その他の工夫もまたありうるであろう。

　このシリーズは，今後年2回の刊行を予定している。思春期・青年期の臨床に携わっておられる多くの方々のお役にたつことを願っている。

思春期青年期ケース研究編集委員会

も く じ

刊行にあたって

1 学校カウンセリングの役割 ……………………………………… 5
　●井上　洋一

2 施設治療と連携した学校カウンセリング ……………………… 17
　　──精神科医の立場から──
　●西田　篤
　　編者コメント　●井上　洋一 ……………………………………… 36

3 被虐待のPTSDをもち，さまざまな行動化を示す女生徒 … 41
　　──学校・医療・福祉施設の連携による援助について──
　●中坊　伸子
　　編者コメント　●井上　洋一 ……………………………………… 61

4 校内相談室における精神保健の取り組み ……………………… 67
　●細田　憲一
　　編者コメント　●井上　洋一 ……………………………………… 91

5 女子中学生との学校カウンセリング過程 ……………………… 97
　　──叫び声に応えて──
　●三船　直子
　　編者コメント　●井上　洋一 ……………………………………… 118

6　学校との連携により，卒業が可能になった分裂病の
　　一例 ………………………………………………………………………… *123*
　　●水田　一郎
　　　編者コメント　●井上　洋一 …………………………………………… *143*

あとがき ……………………………………………………………………… *151*
　　●清水　將之

1

学校カウンセリングの役割

井上　洋一

I

　学校という場にはその国の個性が色濃く反映しているのではないだろうか。1999年米国の高校で生徒が銃を乱射し多数の死傷者を出した事件があった。科学技術や商工業の分野だけでなく，芸術，報道，ショウビジネス，エンターテインメントなどの文化の領域においても世界のリーダーを自認している米国の学校で，どうしてこのような衝撃的な事件が起きるのだろうか。はたして学校固有の問題がこのような事件を生み出していると言えるだろうか。事件の原因を解明するためには，生徒個人の思春期心性，家族との葛藤，交友関係や学校への適応の様子等についてまず検討することが必要である。しかし生徒の個人的な背景に原因を求めるだけでは納得することができない重みがこの事件にはある。事件は現代の米国社会の特質と深い関係があると見てよいのではないだろうか。そしてそれは米国社会の根幹の価値観にまで繋がっているのかもしれない。

　振り返って日本の学校を見ると，不登校，いじめ，学級崩壊，校内暴力などの問題が山積している[4]。これらの問題もまた現代日本社会を象徴していると言うことができる。いじめや不登校は，単に教育の問題として片

づけてしまうことはできない重大な問題である。教育の場に現れた深刻な問題としてマスコミに幾度となく取り上げられ，解決のための方策が広く論議されてきた。

　米国にしても日本にしても，学校は社会から隔離された世界ではなく，社会の影響を正面から受ける所である。むしろ社会の抱える問題が学校において濃縮され，突出した形で現れることさえあるのではないだろうか。学校は子どもの発達を促進する環境を確保するために，大人の社会とは一線を画し，独自のルールと価値観によって構成される社会のはずであった。ところが実際には必ずしもそうなってはいない。大人の社会の競争原理をそのまま自ら体現しているのが現状のようだ。子どもは社会の波が打ち寄せる海岸で遊んでいるのではなく，波の合間を漂って必死で泳いでいるのではないだろうか。わが国の学校で起きている様々な問題を見ていると，そのような学校と生徒の姿が浮かび上がってくる。

　学校の中に競争原理が浸透し，心身の発達を促すゆとりのある環境を生徒に提供することが今の学校にはできていない。わが国の学校教育は，明治時代にその基礎が定められて以来，幾度か手直しを受けながら今日に至った。現在，社会変化の大きな波が学校にも押し寄せている。学校の制度疲労が表面化し，思い切った改革が求められている。まずはなによりも先に，悩みを抱えている生徒に必要な援助を与えることが火急の課題である。学校が本来備えているべき保護的な機能をいかに回復させることができるのか，その具体的な対策が必要となった。

　学校カウンセリングという新しい概念が，現在大きな期待をもって注目されている。今，学校を運営していくためには，メンタルヘルスの概念の導入が不可欠な時代となった。メンタルヘルスの実践の中心に位置づけられるのがカウンセリングである。教育の場である学校に，教育者ではない専門家であるカウンセラーを迎え入れる時代がやってきた。教師と生徒の2者の関係を基本にして構成されてきた学校が，第3の人物の力を必要とするようになった。教師と生徒の2者では解決することができない問題が

学校の中で生じるようになったためである。外部からの介入を教育への干渉として拒否することで独立性を保ってきた学校が，今その扉を開いてカウンセラーを学校の中に招き入れるようになり，学校は大きな変革期をむかえようとしている。

II

　カウンセリングの導入も歴史的にみると，最初は教師をその担い手として考えられていた。学校教育の基盤は，教師―生徒の信頼にある。教師と生徒との間は一種の聖域と考えられ，教師―生徒関係の2者関係に第3者が立ち入ることには抵抗があった。
　1971年，文部省はカウンセリングを生徒指導の中に導入していく方針を示した[1]。しかし，生徒指導は元来非行化対策として展開されてきた経緯があり，学校の規則を守らせる管理主義的な発想が根強くあった。生徒の行動の管理よりも生徒個人の気持ちを優先するカウンセリングは，甘やかしとして批判的に受け取られることもあった。学校の管理責任を負う立場にある教師が，個人を中心に考えるカウンセリングを担当することは必ずしも容易ではなかった。そのうえ，カウンセリングを修得するためには研修を受けたり，専門家を招いて事例検討を繰り返し行うことが必要であり，各教師にそのような機会や時間が十分に与えられてはいなかった[2]。
　学級担任の教師と生徒との間に第3者が介在する形の人間関係の芽は，学校の内部にすでに育ってきていた。養護教諭の存在である。学科を担当しない養護教諭の仕事は，学校業務の中では主流とは見なされず，中心から少し離れた位置づけを与えられていた。授業を行い，採点し，生徒を評価する義務のない養護教諭は，生徒に最も自然に接触することができる立場にあった。悩みを抱えた生徒は，教室を抜け出して保健室に立ち寄り，疲れた心を休めていく。生徒が訴えるのは身体的不調であったとしても，生徒の多くは精神的悩みを背後に抱えていると言われている。養護教諭

は生徒の身体的発達の把握，健康診断による疾病の予防，外傷などの校内事故への対応など身体面の保健衛生業務を担当してきたが，それに加えて学校内唯一の保健衛生の専門家として，生徒のメンタルヘルスへの対応を強く求められるようになってきた。

III

　平成4年3月に文部省は「登校拒否問題への対応について」という初等中等教育局長通知を発し，同年8月には登校拒否・高校中退に関する緊急対応方策を決定した。不登校は一部の生徒だけに起こる特別のことではないとの見解を文部省が公式に発表した。不登校への対処は片手間の仕事ではなく，学校としてきちんと対応すべき業務となった。
　校内で精神保健も担当する養護教諭の存在意義が，今まで以上に強く認識されるようになった。保健室は学校の中にあって，教室とは異なった価値観をもつ空間を創り出している。そこは生徒が保護され癒される場所になっている。学校の中に居場所を見つけられない生徒たちは保健室に立ち寄って，一時避難することができる。たとえば保健室登校もその一つであろう。今や保健室登校は不登校対策への有効な手段として公認されていると言ってよい。いじめ問題への対応においても，養護教諭は重要な役割を果たすように求められている。校内のメンタルヘルスの中心的存在として，養護教諭に期待される役割がますます大きくなってきているのが現状である。その結果，たとえば不登校生徒への対応についても，担任教師だけでなく，養護教諭の関与が自然なこととして受け止められるようになり，担任教師―生徒の2者関係が外へ開かれてきた。
　それまでは，自分のクラスに不登校生徒が出た場合，自分の学級運営能力を疑われることを恐れて，他の教師や養護教師に相談することを躊躇する学級担任もいた。生徒―教師の2者関係を絶対視する従来の発想にこだわる教師は，自分が担任をしている生徒の問題の解決を第3者に相談した

り委ねたりすることには抵抗があった。しかしそのような風潮はもはや過去のものになろうとしている。教師―生徒の2者の信頼関係が教育の基本であることは今でも変わらないにしても、いまや学校内で生じる様々な問題のすべてを教師―生徒の間で解決することは到底できない時代になっている。

　生徒の問題に一歩踏み込めば、問題の背後に複雑で多様な生活背景が控えている。それらの問題は教師が単独で対処することが困難な、広がりと深さをもっている場合もあり、中には対応に多大な時間と労力を必要とする深刻な問題をもっている生徒もいる。養護教諭は学級担任をカバーし、あるいは生徒のメンタルヘルスの活動の中心として大きな役割を担うようになってきた。学校保健の専門家である養護教諭は、教師と生徒の間に介在することを積極的に求められるようになった。

　しかし近年、問題は深刻さを増している。生徒のメンタルヘルスを守る活動はさらに多くを要求されるようになった。現在学校現場に生じている問題は、学級担任と養護教諭の頑張りだけでは対応しきれない量と質をもっている。学級担任や養護教諭の活動を支える人的、技術的サポートが要請される時代となった。平成7年（1995年）臨床心理士や臨床心理に関して高度な専門的知識・経験をもつスクールカウンセラーが学校の中で活動を開始することになった。スクールカウンセラーは、週2回、1日4時間派遣され、児童・生徒へのカウンセリング、カウンセリング等に関する教職員および保護者に対する助言・援助、児童・生徒のカウンセリング等に関する情報収集・提供などを職務としている。初年度154校に派遣されたが、その活動が評価され平成8年度には506校へと拡大された。カウンセラーの存在が現在の学校に有用なものと認知されるようになった。

IV

　スクールカウンセラーの登場は，学校の抱える今日的問題への切り札として大きな期待が寄せられている。カウンセリングの訓練を受けた専門家が学校の中に居ることの意義は大きい。悩みを抱えた生徒はもちろんのこと，問題をもつ生徒を抱えて，対応に苦慮していた学級担任や養護教諭にとっても，専門家が身近にいて，いつでも相談にのってくれる状況は歓迎すべきものである。

　スクールカウンセラーの出現は決して学級担任や養護教諭を生徒のメンタルヘルスの問題から解放するものではない。スクールカウンセラーが赴任した学校では，養護教諭や学級担任がスクールカウンセラーに相談しながら生徒の相談に乗ることができるようになる。スクールカウンセラーはもちろん専門のカウンセリング技術を生かして，個々の生徒の相談に応じることができる。それだけが仕事ではない。学級担任や養護教諭からの相談にのって事例のスーパーバイズを行ったり，校長や教頭から相談を受けて学校のメンタルヘルスのためのシステムについてアドバイスしたりする。学級担任，養護教諭，カウンセラーは必要な場合には医療機関とも連携をとり，精神医学的な診察を受けるように本人と家族に勧める。家族の説得や病院との連絡，生徒への説明などの業務も学校カウンセリング業務の一環である。そして，児童・思春期・青年期精神医学を専門にする精神科医師もまた学校メンタルヘルスのネットワークに含まれ，外部の専門家として，生徒のメンタルヘルスを守る一翼を担っている。

V

　さて，学級担任と養護教諭とスクールカウンセラーの3者は，学校にて生徒から直接相談を受ける立場にある。誰がどのような相談を担当すべ

きなのか。役割分担はどのように考えればよいのだろうか。悩みをもった生徒が相談したいと思ったとき，誰にどのような手続きを経て相談するべきなのか，決まったルールがあるわけではない。不登校を心配した学級担任が家庭訪問をし，その後継続して生徒の相談に乗る場合もあれば，学級担任からスクールカウンセラーに相談がもちこまれて，生徒がスクールカウンセラーに紹介されることもある。あるいは生徒が自分で保健室を訪ねて来て，養護教諭に相談をもちかけることもある。また生徒が直接スクールカウンセラーを訪ねてくることもある。

　相談が必要な生徒にとって相談できる相手は多い方が良い。生徒はその中から自分に適当と思われる相手を選択することができる。学級担任，養護教諭，カウンセラーの学校内での立場はそれぞれ微妙に異なってはいるが，相談をもちかける生徒にすれば，誰であれ自分をしっかりと支えてくれる人物を求めているだけであり，相手を役職によって選ぶというよりは，一番相性の良い，話しやすい人物を選んでいる。その相手は複数であっても構わない。それぞれの職種の異なった立場は決して競合するものではない。対等の立場から互いに助け合う関係にある。お互いに協力し合って，生徒の相談に直接応じている担当者を援助すべきである。誰が相談を担当するにせよ，その立場の特徴を生かしながら，周囲との協力体制を保って生徒のメンタルヘルスを守っていくべきであろう。

VI

　カウンセリングを成功させるためには担任，養護教諭，カウンセラーの緊密な連携が必要である。関係者ができるだけ状況を把握し，互いに必要な役割を果たし，支援を行う態勢作りをしなければならない。3者がバラバラな対応をしたり，本人や家族や他の教師への説明が一貫していなかったりすると，関係者の間で混乱が生じ信頼を失うことになる。

　学級担任と養護教諭とカウンセラーの3者は，できるだけ情報を共有し

て，意見を交換し合い，生徒に対する共通の認識をもつことが重要である。そのためには生徒の内面や私生活に関して良く理解しておく必要がある。進級会議などでは，会議の席で広い範囲の教師に対して問題を説明するように求められることもある。学校業務上，関係者への情報の開示が必要とされることもある。しかし，生徒のプライバシーを守るための細かい配慮も忘れてはならない。

　心の問題に関与するカウンセリング業務には守秘義務が伴っている。カウンセリングを受けている生徒に関する情報の中には，公開可能な情報と公開すべきでない情報がある。生徒に関する情報はそのプライバシーを守る必要性と，公開の必要性の程度に応じていくつかのレベルに区別して考える必要があるだろう。一方に守秘義務があり，他方には問題への適切な対応を依頼するために，関係者に情報を開示する必要性がある。進級や卒業の判定のために判定会議で必要な情報の開示が求められる。他の教職員の理解を得るためには，ある程度の説明が必要であろう。情報を知らせる相手が生徒にどの程度関与しているのか，その程度に応じて公開する情報の範囲を決めることが必要である。相手が適切な判断を下すのに必要な範囲の情報に限って伝えるようにすれば，生徒のプライバシーを守り，しかもその相手から必要な援助を得ることができる。

　生徒を直接援助する立場にない人に余分な情報は伝えない心遣いをもっておきたい。またその生徒と直接接触することのない教師はむやみに生徒のプライバシーには立ち入ろうとしないように自制することが求められる。生徒への関与の程度が低い人にまで，自分のプライベートな情報が伝わってしまったならば，生徒はカウンセリングへの信頼を失い，その後はカウンセラーに心を打ち明けることができなくなる。自分の心の秘密を話すのは，一対一の信頼関係があればこそである。必要な場合には生徒から得た情報を関係者にも話さない配慮が求められる。

　カウンセリングの内容は，目の前の相手にだけ語られたものであり，原則としてたとえ両親や他の教師であっても知らせることはできない。他の

人にも知らせる必要ができたときには，その旨を生徒本人に直接尋ねて確認し，承諾を得ることが必要である。プライバシーを守ることはカウンセリングを行う大前提であり，プライバシーの取り扱いに関する判断力とセンスを養っていくことが大切である。

VII

　カウンセリングの難しさはそれが心の問題に触れる作業であるからである。生徒を理解するには時間が必要である。生徒の背後にはそれまでの歴史があり，現在の生活の広がりがある。それらの背景を一度にすべて把握することはできない。
　カウンセラーは生徒が直面している問題の社会的意義を客観的に把握しながら，一方では生徒個人の考えや感情を尊重し，生徒の言葉に虚心に耳を傾けなければならない。カウンセリングにおいては聴くことの重要性が繰り返し指摘されている。正確に聴くことは難しい。生徒が語る内容をどこまで理解できるか。生徒はどう感じて，どう行動しているのか，生徒が分かって欲しいと思っていることはなにか。自分を理解し，共感して欲しいという生徒の期待にどれだけ応えられるのか。カウンセラーは自分が理解した内容をその場にふさわしい表現を選んで適切に生徒に返していく。生徒はカウンセラーに自分の話が伝わり理解された手応えを得ることができる。自分にとっての意味が他人に共有された時，生徒は大きな支えを与えられたと感じることができる。カウンセラーからの返答は必ずしも言葉だけではない。表情であったり，沈黙であったり，言葉の間であったりする。ときには言葉として語られないことの方が雄弁な場合もある。相手からあまりに早く発せられた「良く分かった」という言葉よりも，一瞬の沈黙の中に，自分の体験の深刻さが伝わった手応えを生徒は感じるかもしれない。生徒の言葉に傾聴し，生徒の体験の内容を聞き手の内面で正確に再構成する。その時の生徒の考えや感情を掴むことができたなら，生徒の語っ

たことが正確に伝わったことをフィードバックする。このような一つ一つの言葉のやり取りとその積み重ねを通して信頼関係が生まれて維持されていく。

VIII

　カウンセラーに課せられた役割の一つは，カウンセリングで語られた多様な問題を生徒と共有し，不安を分かちもつことである。問題は教育の領域だけでなく，家庭内の葛藤や，社会規範に抵触する行為，医学的問題，自殺の恐れなどの広い領域にまたがっている。これらの深刻な問題に対処するためには関係者の強いチームワークが重要になる。担任，養護教諭，カウンセラーの中で，生徒に直接対応している人をキーパーソンとして，他のメンバーはキーパーソンを中心にしてネットワークを作り，生徒を支えていく。

　一人だけで生徒と向き合い，生徒の抱える問題に単独で対処することは，できるだけ避けるべきである。深刻な問題を抱える生徒の相談にのっているうちに，自分も生徒と同じようにゆとりを無くし，視野を狭くする恐れがある。一人の人物に過大な負担がかからないためにも，協力体制を組むことが大切である。

　学校カウンセリングが成功する条件の一つに学校全体の理解や援助があげられる。学校カウンセリング業務には全体の理解や援助を獲得することも含まれる。直接関係のない教員が生徒に言葉をかけてくれたり，学校全体が生徒を暖かく見守る雰囲気が生まれることは，カウンセリングを後押しする大きな力になる。

　学校内に限らず，学外の専門家の協力を要請し，診療所，病院，養護施設などと幅広いネットワークを作って対処することも必要なケースがある。

IX

　わが国の学校教育は生徒に教科を習得させることに邁進してきた[3]。その成果は日本の経済成長として結実している。しかし光の当たっている所から影の部分に目を転じると，不登校，いじめ，校内暴力，自殺などの問題が学校に噴出している。学校は一つの社会として生徒に適応することを求めているが，これらの問題は教育の現状に対して疑問を突きつけている。

　このままでは良くないと誰もが考える。もう少し生徒がゆとりを持てるような学校，生徒の個別性を尊重する学校が求められている。学校は生徒の様々な試行錯誤をどこまで許容できるのか。問題を抱えた生徒には，学校生活への適応をいったん棚上げすることも視野に入れて，生徒に自己探求の時間を与え，その間に生徒を支えて援助していく働きがどこまで可能であるのか。学校の中にそのような機能を生み出すことを期待されているのが学校カウンセリングである。

　カウンセリングと伝統的な学校教育は生徒の問題に対して必ずしも同じ見方に立っているわけではない。両者の本来の目的は異なっている。カウンセリングは学校の価値基準判断とは異なった視点から，生徒の問題を理解しようとする。カウンセリングは学校の規則や課題を脇において，生徒個人の問題の改善を優先させる。休養を取ったり休学することも積極的な手段として検討の対象になる。カウンセラーは一人の生徒の精神保健についての責任を負っている。

　一方学校は，生徒全員の教育に対して責任を負っている。どうしても教科の学習が優先され，他のことはその次に位置付けられることになる。不登校生徒にしても，その他の様々な問題を抱えている生徒にしても，学校運営上は規則や集団生活からの逸脱であり，ネガティブな意味づけを完全に取り去ることは難しい。

　しかし学校はその理念をしだいに変えつつあるのかもしれない。生徒個

人の発達を重視する必要性が，理念としては以前から唱えられてきた。学校カウンセリングはその一つの実践である。一人の生徒のために力をつくす学校カウンセリング業務を多くの方が理解され，様々な問題を取り扱うための知識と技術を養い，実践して下さるように願っている。

参考文献
1）文部省（編）（1971）生徒指導資料第7集中学におけるカウンセリングの考え方．大蔵省印刷局．
2）北村陽英（1991）中学生の精神保健．日本評論社．
3）清水將之（1990）青年期と現代．弘文堂．
4）総務庁青少年対策本部（編）（1993）平成4年度版青少年白書．大蔵省印刷局，東京，（その他）．
5）大塚義孝編（1996）スクールカウンセラーの実際．日本評論社．
6）こころの科学64（1995）生徒の心を支える　清水將之編　日本評論社．

2

施設治療と連携した学校カウンセリング
――精神科医の立場から――

西 田 篤

I はじめに

　筆者は，情緒障害児短期治療施設における「施設治療」を，自らの臨床基盤とする「精神科医」である。
　学校というものに対して，精神科医は教員とは異なる視点をもつ外部者であり，悩める子どもに対して，両者は学校内外における協同援助者である，と筆者は考えている。
　ところで，今日，悩める子どもたちの有り様は十人十色であり，彼らに対する援助のあり方も多種多様である。ただ，筆者の臨床現場に近いところに引き寄せてみると，従来のカウンセリング技法が想定している「葛藤モデル」の子どもたちは減少し，自ら考え，感じ，生きていく基盤の形成されていない未熟な子どもたちが増えてきている。語るべき中身や蓄えのない子どもにとって，言葉の重みは軽くなり，今一度，彼らの育て直しを行うような生活ベースの臨床的な援助のあり方が必要とされてきている。
　したがって，「学校（場面における狭い意味での）カウンセリグ」的な行為は，学校内・外の"生きた，育ちの生活場面"の上にこそ成り立つものであり，そうした場との関係において位置づけられ，援助手段として提

供されていくべきものであると考える。

以上のような視点から，自験例について述べる。

II　治療のシステム

筆者の臨床現場である情緒障害児短期治療施設Ｘ園は，児童福祉施設の一つである。通園部と寄宿部からなり，これに相談／診療部門が併設されている。

通園部には適応指導教室が，寄宿部には隣接する小中学校の分級が併設されている。

通園部は，たまり場的なデイケア部門で，侵入的な色彩はほとんどない。寄宿部では，もう少し構造化された寮生活を行い，基本的に週末帰省制をとっている。両部門は学習，グループワーク，月例行事など，生活プログラムのいくつかを共有している。

スタッフは，精神科医・心理療法士・看護婦・保母（保育士）・児童指導員からなり，個人面接担当者・家族面接担当者・男／女の生活指導担当者の4名がチームを作ってそれぞれの子どもの援助にあたり，分級担任や適応指導教室学習援助員がこれに加わる。

III　事　例

1．事例呈示1　明子（初診時中学2年生）

主訴　同世代の女児との深い付き合いが苦手で学校を休み，嫌なことを避ける。

1）明子の原籍校Ｂ中学の状況
Ｂ中学は市街地にある中学で，年々不登校生徒が増加傾向にあった。

「不登校問題委員会」を設置し，教育相談室の整備，研修計画の立案，研修委員のX園見学を行うなど，学校としても全体的な取り組みを始めたところであった。筆者は，明子が入学した年から3年間，B中学を訪問し，年3回の研修会に参加した。内容は以下のとおりであった。
(1) 初年度
　① 「不登校」に関する教員へ講義
　② 「親の会」および「親と教員の会」への参加
　③ 事例検討会（症例明子）
(2) 2年度
　① 各担任の受け持ち事例の報告と方針の検討
　② 保護者との「個別相談」
　③ ①の各事例についての取り組み結果の検討
(3) 3年度
　① 過去数年の卒後経過の調査報告と検討
　② 保護者との「個別およびグループ相談」
　③ 保護者との「個別相談」

　2）明子の家族状況・成育史・現病歴
　父親（40代前半），母親（30代後半），明子，妹（小4），弟（小2）の5人家族。父親は建築関係の技師で口数は少ない。明子の幼少時期より，あまり家庭を顧みない人であった。母親は薬剤師として，薬局パート勤務。柔和な印象の人で，几帳面で礼儀正しい。妹はおとなしく目立たない子だが，小学校低学年の頃，ときどき登校しぶりを認めた。弟は生れつき病弱で，手のかかる子であった。妹弟とも，甘え上手な子であった。
　臨床像
　ショートカットの髪形で，明るく快活な印象である。ただ，アトピーがあり，他人の視線の行方を気にするところがある。
　既往歴

アトピー以外，特記事項はない。

生育史および現病歴

　父親の仕事の関係で四国のＣ県で出生し，小４の終わりに現住所に引っ越すまでをそこで過ごした。父親は子ども会の世話や会社のクラブ活動で忙しく，自然と母子が自宅で過ごすことが多かった。妹や弟が生まれてからは疲れ気味の母を困らせないよう，明子は"良い子"として振る舞った。

　幼稚園から小学校低学年では，他児とのトラブルをきたしてときどき登校渋りがあった。押しの強い子と友だちになりやすく，「その子が自由にさせてくれない」と不満を訴えた。

　小５での転校後，四国訛りをからかわれて気にするところもあったが，特に不登校は認めなかった。むしろ荒れ気味で自由なクラスの雰囲気を楽しんでいた。ただ，女の子同志の深い関わりを求めず，周囲からは「つめたい」と言われたりした。

　Ｂ中学に進学後，何となくなじめないものを感じていたが，梅雨時に体調を崩して１週間あまり欠席した。再登校してみると，クラスの仲間関係が出来上がり，自分が無視されていると感じて休み始めた。その後，若い養護教諭とのお喋りを楽しみに保健室登校をするようになったが，養護教諭と近く教育相談に携わる教員とも親しく言葉を交わしていた。

３）診察にいたる経過

　明子の母親とは，中１の時，校内で開かれた不登校児の「親の会」で初めて会った。わが子が保健室登校をしてはいるものの，先の見えない不安を感じていることを抑えた口調で語る姿が印象的であった。

　年度末の筆者を交えたＢ中学の校内事例検討会で明子のケースが取り上げられ，これまでの経緯が教員間で把握された。その中で，年明け頃より保健室登校の生徒が増えるにつれ，「最初は楽しかったんだけど，だんだん……」と，明子にはそこでの仲間関係が負担になり，かといって自宅に閉じこもることもできず，精神的に煮つまっている様子が確認された。

中２に進級しても状況的には変わりがなかった。それまでも養護教諭の元をときどき訪れていた母親が，「親の会」で会った筆者の外来受診を相談。養護教諭からの紹介で，中２の４月，母子が外来を初診した。

(1) 外来初診からＸ園入所までの経過

緊張気味の明子は，こちらの望むように答える印象があった。習い事や学校など，しんどさを回避するパターンが見てとれた。母親は，事実関係は言えるもののそれに伴う気持ちの表現が苦手な人であり，父親は表情の読み取り難い人であった。数回の診察の後，個人面接担当および家族面接担当の心理療法士にそれぞれ引き継ぎ，筆者は管理医という立場になった。生活・治療場面としてのＸ園の利用については，当初かなり戸惑っていたが，「一生懸命になれる何かが欲しい」「自分のことを人に話せないのを何とかしたい」と，母子ともにしだいに入園に傾き，中２の夏休み前，Ｘ園に入園した。外来通院中は，筆者と養護教諭とで適宜連絡を取り合った。

(2) 心理テスト

入園直前にバウムテストと風景構成法を施行した。バウムは全体的にバランスはとれているが散漫なストロークと弱い筆致の絵。かなり太い幹，中身の乏しい樹冠，ていねいな描写の実を描いた。風景構成法では，蛇行する川，田，急峻な山，小さな２組のペアの子どもを描いた。適応への努力，勤勉さの一方で，内面の心細さ，困難さ，空虚さを感じさせた。

(3) ケースの理解と方針

明子はavoidant personalityをベースにした不登校児である。もともと情緒的な関わりの不得手な両親の間に育ち，不満を素直に表面化できない母親の心性を受け継ぐ一方，長女として自己抑制的に振る舞い，甘えを十分に充足されないまま成長した。思春期の同輩関係の時期にいたり，同性との深い関わりを求められたが，負担になり回避した。受容的な大人への依存は出来ていたが，それをベースにした自己表現，現実直面，同性女児とのコミュニケーションスキルの習得を目標に施設治療を行うことにした。

4）入園後の経過
（1）中2の夏休みから年度末まで
◆生活場面
　入園当初は緊張感が強く，大勢がいる場面には参加できなかった。入浴も一番最後に一人で入った。時間の経過とともに，女子職員と入浴できるようになり，男子と談笑したりバンドの紅一点として活動するようにはなったが，他の女児との関わりは避けていた。ただ，筆者の主催する「和太鼓クラブ」では仲間の女児と楽しく活動し，合宿でも一緒の部屋に泊まることができた。その後の文化祭でも活躍し，園生活への適応を見せ始めた。
　秋口より新入園の女児とペア行動するようになるが，その子に依存されることが負担になり，和太鼓を初めとする種々の活動場面から撤退気味になった。年末頃より寄宿の男児との親密な交際が始まり，他の女児との交流がいっそう乏しくなった。職員の介入にも回避・反発傾向が目立つようになったが，担当保母は一貫して直面化する方針で応対した。中2の年度末，B中学より園内分級（D中学）に学籍を移動した。
◆個人面接
　担当者の意図を先読みし，週末の家での様子，行事参加への困難さ，人間関係のしんどさなどを語った。男児との交際が始まってからは生活プログラムにのらなくなり，そのことへの直面化や面接のスキップ等により，面接者とはやや距離のある関係となった。
◆家族面接
　母親が主として来談し，自らの成育史や子育てにおける困難な状況について語った。ただ，当初はそれらにまつわる不安や不満が感情を伴って語られることは少なく，園へのおまかせ状態であった。その後，家族会への参加を通じて，自ら明子のことに関わる姿勢が認められ出した。
◆B中学とのやりとり
　X園入園後も明子は月曜の帰園前にB中学に立ち寄り，養護教諭や親し

い教員に会い，「X園，楽しいよ。太鼓も面白いし……」と語っていた。養護教諭は明子のはずんだ言葉を喜びながらも，「良い子の装いでなければいいが……」と気にしつつ，彼女の話を聞いていた。

10月初め，明子の担当チームがB中学を訪問し，校長・担任・養護教諭・教育相談担当の教諭と話し合った。不登校に至る経緯，最近のX園とB中学の保健室での様子を確認し合った。B中学から園内分級（D中学）への学籍移動については，戸惑いの一方で，「将来のことを考えたら，勉強する上で必要かもね……」と，明子が思っていることが養護教諭の口から語られた。

その後，養護教諭が長期の休暇に入ってペースダウンをしたものの，B中学への出入りは続いていた。年度末，明子はB中学の保健室で，かつての保健室登校時代の年上の仲間と会った。その子が低学力のため進路選択にあたって寂しい思いをしたことを聞きつけ，明子の気持ちは分級参加に傾いていった。

（2）中3への進級後，卒業まで

◆生活場面

交際のあった男児の退園に伴い，1学期は他の女児との関係が親密になり，女児グループの中でもリーダー的な存在となった。転籍したD中学でも分級仲間と遠足や修学旅行に参加し，そのことが自信になって生活面での安定化が見られた。

2学期になり，再び新入園男児との交際が始まり，親密だった女児との関係が希薄化した。さらに，その男児のとの関係を巡って園内外での行動化が続き，不安定な対人関係が露呈した。ただ，混乱状況に対しては家庭で休養するなど緊急非難的な方法で対応し，その後程なくして園生活に復帰した。

3学期は，交際中の男児との関係が負担になり，お互いの距離ができたことで，再び女児との関係が戻った。受験へのプレッシャーもあり，不眠，不安，焦燥感が出現し，髪染等の軽い行動化を認めたが，薬物補助等で何

とか乗り切った。3月, 某高校を受験して合格, 年度末に晴れて退園となった。

◆個人面接

年度当初は日常生活のことが話題の中心であった。進路選択の話も出るが, 担当者の話を自分なりに合理化して受け止めた。男児との交際が始まってからは, 自身の対人関係の下手さのことを含めて内省的となり, 行動化の経過の中でも担当者に心のゆらぎを上手く開示して乗り切っていこうとした。

◆家族面接

主として母親が来所した。夫婦の葛藤が主題になり, 過去の家庭内での不安や緊張が語られた。明子も帰宅時に自分の気持ちを母親に語るなど, 親子関係の改善が認められた。

2学期以降の行動化については, その背景にあるものを担当者と母親の間で確認したが, 制限する園側への母親の軽い反発と, 親子の間の同盟的な結びつきが見え隠れした。

◆B中学とのやりとり

学籍が移動し, 明子とB中学の形式的な関係は切れた。ただ, 学校全体が不登校生徒の卒後経過の調査に取り組むなど, 学校の手を離れた子どもたちの状況への関心の深さと, それを今後に活かしたいという思いをひしひしと感じた。筆者の学校訪問の際には, 治療上問題になることは除いて, 可能な限り"明子の今"を伝えた。元の担任も, 明子のB中学復帰の際の手だてについて気遣いをしてくれている様子であった。

休職していた養護教諭が復帰し, 再び明子の保健室周辺への出入りが増え, 彼女はX園で直面する「現実」からの癒しや支えの場としていたようである。特に男児との交際を巡っては, 介入する生活担当者のみならず, 彼女の心に寄り添う個人面接担当者も園スタッフという立場上の制約があり, 養護教諭には園のスタッフとは異なる「本音」を漏らしていた。

2学期末, 各在園児の元の在籍校との間の連絡会議が開かれ, B中学か

らも養護教諭がX園を訪れた。園から明子の近況を伝えるとともに，教諭からは，明子が「自宅へ帰りたい」「妹や弟が心配してくれる」「（行動化の件で）担当の先生に叱られた」等を語っていることが伝えられた。

受験前，養護教諭には「高校に行けば勉強もできるし，1年間で受験できるところまできたんだ」という期待感を伝えていた。

5）退園後の経過

登校とバイトの生活を送り，退園後しばらくは，思い出したようにフラリと面接にやってきた。養護教諭のもとへもときどき顔を出し，「X園に行くと，いいとこ見せないといけないからね……」と苦笑いしながら，将来の夢についてあれこれ話していった。

2．事例呈示2　恵子（初診時中学2年生）

主訴　部活内での仲間ハズレをきっかけとして不登校になり，家庭で荒れている。

1）恵子の家族状況・成育史・現病歴

父親（50代後半），母親（50代前半），姉（高3）の4人家族。両親は古い土地柄の地域で商売を営むが，仕事柄学校への出入りもあり，教員の知己も多い。

父親は年来ある慢性疾患を患って苛立つことが多く，恵子には口やかましい。母親は恵子と同じ喘息の持病あり。やや粘着気質で，恵子にはベッタリと関わってきた。高校生の姉は，父親と同じ慢性疾患をかかえている。両親のお喋りにちゃっかり加わるなど要領が良く，恵子とは不仲である。

臨床像

やや細目の体型で，見上げる目が印象的である。身のこなしや口調はていねいでゆっくりしている。

既往歴

5歳より喘息および慢性腎炎の通院歴がある。

生育史および現病歴

病弱な母親が，何度かの流産の後，姉と児を高齢出産した。

保育園から小学校時代，両親は家業に忙しく，恵子は親に学校の事をあれこれ話すことはなかった。ノーと言えない子で，全てが親の指示待ちであり，自主的には行動できなかった。恵子が小6の頃，母親は自らの過保護な関わりを反省し，趣味の会に参加するなど児と距離を置くような対応を始めた。

G中学進学後，某運動部に入部した。熱心な顧問教諭に見込まれ頑張ったが，この頃より母親の太った体型を嫌がるようになった。

中2になり前記の顧問教諭が転校。それまでの厳しかったクラブの雰囲気が一変し，部員たちの関心事は，技術の向上から仲間関係へと移った。恵子はお喋りの輪に入れず，仲良しを他児に奪われて弾き出され，「自分が自分でないような気がして」，同年7月頃より断続的に保健室登校をするようになった。

同年夏よりF精神科クリニックに数回通ったが，何となく違和感を感じたこともあり，養護教諭の勧めで，中2の秋口，母親のみが当センター外来を初診した。

2）初診後，中2の年度末までの経過

2回目の診察時に，恵子と養護教諭が一緒に来所した。教諭の口からは，母親の混乱ぶりと，夜間の教諭宅への電話攻勢など枠を越えた恵子のアプローチぶりが語られた。

その直後，Fクリニックの医師と相談し，恵子－Fクリニック，母親－筆者という分担で当面の治療を始めた。ただ，治療契約の緩やかさや筆者と学校の関係の近さなどから，しだいに母子共にこちらに収束し，たまに恵子がFクリニックを受診する状態となった。

家庭内では，恵子は両親と姉に反発し，物を壊したり，部屋に閉じこもったりした。不安耐性の低い母親が，出入りの業者という気安さもあってか，しきりに学校，中でも養護教諭に連絡を入れるため，「学校と連携しつつ，必要な手だてについてはここで相談しましょう」という旨を私から母親に伝えた。

　年が明けた中2の年度末，不登校状態が続いていたが，恵子は修学旅行に参加した。養護教諭が他児の世話に追われる中で，クラスメートのからかいを引き金に，恵子は浴室に立てこもる事件を起こした。

　この頃，恵子の母親が「わが子が不登校になったのは○○さんのせい」と近隣で言いふらすため，学校内の女児集団が混乱した。加えて母親の電話攻勢にも困惑した学校側から相談を受け，「必要があれば学校から電話を入れます。不安なことはしっかり主治医の面接で相談を」と母親に伝えることを助言した。この時期，母親面接は続いていたが，こちらの診察場面だけでは母親の不安と焦りを抱えるのはかなり困難な状況であった。

　3）中3進級後，X園入所までの経過

　4月早々，新しい担任と養護教諭を交えて話し合い，今後の方針について確認した。

　①　曖昧だった恵子－Fクリニック，母－筆者という治療側の役割分担を再確認する。

　②　学校側から一度Fクリニックと連絡をとる。ただし，恵子の治療を進める上で，必要以上の情報のやりとりはしない。

　③　失敗の可能性はあるが，学年が変わっての恵子の教室へのチャレンジは評価する。

　④　関係作りのため，担任が1日1回は恵子との接点を持つ。

　5月の連休前後より，恵子は学校を休みがちとなり，自宅での恵子の好き勝手な振る舞いに，母親の焦燥感が強くなった。

　恵子はFクリニックへ断続的に受診し，保健室→教室へのsmall stepを

勧められているようだったが，あまり進展しなかった。

　馬力があり，無骨な印象の男性担任は，電話アプローチなど熱心な働きかけをしていたが，恵子の拒否感が強かった。相談の上，恵子と直接関わる養護教諭の後方支援と学校側の両親対応の窓口になることを確認した。

　7月初め，久しぶりに母子が受診した。たまに保健室に行く以外は，自宅にこもる生活が続いていた。恵子の中には，中3生としての高校進学への期待と焦り，自宅への居づらさなどが渦巻いていた。閉塞状況打開の手だてとして，X園の利用を筆者より提案し，家庭，学校，Fクリニックで相談してくることを宿題として課した。

　1週間後，母子と担任が来所した。恵子は相談の上，入園の意思を固めていた。と同時に，入園の意思表明を両親への"試し"ととらえており，「入園する私のことを心配してくれてるのかなぁ」と訴えた。担任は，人間関係のもつれに端を発しており，教室チャレンジは恵子にとってかなりの負担感があったことと，彼女の「このままでは」という思いを感じ，自らも入園の方針を支持した。

　児童相談所の不登校児キャンプを経て，中2の8月よりX園の寄宿部に入園した。この時点で，直接的な担当が，園スタッフ4名のチームに移行し，筆者は管理医という立場になった。

4）心理検査

　入園直後に知能検査のみ可で，他は中断。

WISC-R IQ＝107（VIQ＝98, PIQ＝116）

知識9　類似13　算数10　単語9　理解8　完成14　配列9　積木15　組合せ13　符号11

5）ケースの理解と方針

　恵子は emerging borderline personality disorder の心性をもつ不登校児である。仕事や趣味に没頭し，養育に距離を置いた父親に対し，母親は

圧倒的な迫力で恵子に関与し，共生を求める存在であり，小学校半ば頃まで恵子には自分を表現する余地はなかった。

　小学校高学年頃から，恵子の自意識の芽生えの一方で母親の身を引く態度が始まり，彼女は介入への反発と依存の間で揺れ出した。内面は非常に空虚な子であった。

　中学進学後，信頼していた部活顧問教諭の転勤，親友の喪失を機に，不登校に陥った。複数の援助者に対して善／悪のイメージを投影しつつ，その間を転々として安心の基盤を求める恵子に対して，X園というゆるやかな「枠」を持つ場を中心とした援助の組み立てを設定し，まずは彼女が安心して甘えたり，自分を表現できることを目指した。

　6）入園後の経過
　（1）7月末の寄宿部入園から冬休みまで
　◆生活場面
　入園当初は他児と同じ日課で過ごせなかった。緊張が強く，担当保母にあれやこれやの訴えが続いた。夏祭りの準備では，他児からのステージ出演依頼を断り切れず，困惑気味であった。結局，当日昼間に無断離園をするが，居場所から電話をかけ，担当職員に連れ戻された。当初は自室で過ごすことを希望したが，一転して「浴衣を着て夏祭を見たい」と言い出し，ケロッとして集団参加した。

　9月に入ってもトイレでの自傷行為，無断離園，身体症状など，注意獲得的な行為や訴えが続いた。他児の中にも入ろうとするが，上手く入りきれない日々が続いた。

　10月半ば，手術目的で入院する母親の病気介護を理由に通園部への変更を希望した。1カ月の通園の後，再び寄宿生活に戻った。目立った行動化はなく，文化祭では場面によっては他児をリードした。

　冬休み直前，突然養護教諭に電話をし，自宅から1日だけ登校した。
　◆個人面接

担当者がリードしないと話を切り出せないことが多かった。干渉する家族への嫌悪感，週末帰宅の拒否，背伸びしてしまう園生活のしんどさを訴えた。行動化の後，家族が心配してくれる事には，言葉とは裏腹に満足している様子が伺えた。

10月初め頃より恵子の方から語り始め，他児との付き合いや距離の取り方への不安，集団に所属しきれない不全感を訴えた。再寄宿の後は，担当者との間で，自分の行動への内省，将来の夢を語った。一方で，12月頃からは，園の集団生活のしんどさや在籍G中学への登校希望を訴えた。

◆家族面接

主に母親が来所した。母親は手帳を見ながら自分のペースで，X園への期待，出産時の思い出や先回りした養育態度などの来し方，週末帰宅時のエピソードなどを綿々と語った。父親は進学などの現実問題への危惧，自らの歴史を語った。手術後，母親は恵子との歩み寄りとその喜びについて語った。冬休み直前の突然の登校直後，母親より電話があり「恵子が"学校へ行って浮いてしまった。死にたい"と落ち込んでいる」とのことであった。

◆G中学とのやりとり

入園当初，G中学とX園の連携は上手くできていなかった。担任は恵子の週末帰宅時に家庭訪問をしていたが，担任，養護教諭，園の担当チームスタッフのそれぞれが，それぞれの思惑で行動していた。

12月初めに養護教諭より筆者に手紙が届いた。ときどき恵子とはがきでやりとりをしていること，彼女と会うことの是非についての問い合わせ，担任の家庭訪問の事実，担任まかせで園との連携が疎かになっていたこと，今後は養護教諭がX園との連絡窓口になること，等が書かれていた。筆者より担当チームスタッフに早い段階での担任や養護教諭との連携の必要性を伝えた。

前後して，担任より恵子の進路に関する電話が入った。治療の途中であり，進学を1年先送りして，治療を優先するのが望ましいという園側の見

立てを伝えた。
　（2）冬休みから中学卒業まで
　◆生活場面
　冬休みが明けても未帰園状態が続いたが，個人面接のみには来所した。家族との関係は改善しており，チーム協議の末，当面自宅生活を容認することにした。
　2月初め，家族の助言を振り切るように保健室に登校し，クラスに入ろうとするなど混乱した態度をとった。翌日自宅で，リストカッティングをした。
　2月中旬，不登校児を受け入れている県外の全寮制高校を下見し，3月初めに受験，そして合格した。県外への進学に伴い，園治療を終了し，退園となった。
　◆個人面接
　家族と衝突したり，家族を疑う自分について「違和感がある」と訴えたかと思うと，努力をしないと「空っぽになりそうな自分」について語った。県外高校への受験が具体化するにつれて，面接への陰性感情を示した。最終面接では，担当者に対して「卒業式に出ることや受験をすることは，過去の自分や迷いを切り捨てることなの」という気持ちを伝えた。
　◆家族面接
　冬休み直前からの急な登校については，親の助言を振り切って行動しては失敗し，落ち込みを繰り返しているとのことであった。リストカットの後は，母親と一緒に寝たり，良く話すなど関係の改善をみていた。県外高校の受験については，担任に引っ張られる形で下見をして受験，そして合格した。その後迷っていたが，恵子一人が担任と話し合い，行くことを決めた。「失敗すればいつでも帰ってきていいし，そこからがスタートだ」と恵子には伝えた，と母親からの報告を受けた。
　◆G中学とのやりとり
　冬休み明け早々，養護教諭から筆者へ電話連絡があった。年末の登校時

には「家の方が落ちつく。1月から登校してみよう」と言い，教室に行こうとしたが制止したとのこと。登校行動は園での治療を回避していることであり，大事なことは園の担当と相談するように恵子に水を向けることと，登校時の居場所は保健室に限る，という方針を確認した。

2月初め，養護教諭から個人面接担当者に電話が入った。保健室登校をしているが，クラスに入ろうとしたり，急に泣きだしたりと混乱しており，どうしたらいいか？　という対応についての問い合わせがあった。前日の担当者との面接で少し元気を取り戻した様子を話し，保健室の限界を恵子に伝えることを養護教諭との間で確認した。

2月中旬，養護教諭から個人面接担当者へ電話連絡が入った。母子が来校し，進路指導の遅れへの不満を訴えるとともに，あらためて進学を希望した。「規則の厳しい学校で心機一転の生活をしたい」と恵子が訴え，県外全寮制高校が候補になった。担任は同高校への進学に積極的で，下見の日時も自ら設定したが，養護教諭は戸惑いを感じているとのことであった。学校の母子からの"巻き込まれ"状況を確認し，後日の会合を設定した。

2月下旬，養護教諭および教育相談担当教諭と園の担当チームで会合を持った。担当チームからは，県外への進学と卒業式参加は望ましくないとの見解を伝えるが，担任が両方を積極的に押し進めており，最終的には，恵子と家族の意向を尊重することを確認した。

7）退園後の経過

高1夏休みの帰省時に，母子で筆者の外来を受診した。しんどいが頑張ってみるとのことであった。その後の受診はない。

Ⅳ　考　察

心のゆきづまり状態にある子どもへの援助を考えるとき，その対応には①学校内のみ，②学校と専門機関の協同作業，③専門機関主体，の三つ

の段階がある。杉山によれば，中学生全体で，情緒障害や問題行動を有する子どものうち，学級担任から見て上記①の学校内のみで対応可能なものは80%であり，残り20%は何らかの専門機関の関与を必要としている[1]。今回，上記②に属する学校と施設治療の連携事例を紹介した。

　二つの事例は，ともに女子中学生の不登校事例である。不登校発現後，学校側は保健室を中心としたカウンセリング・アプローチでの援助を行ってきたが，1年近い経過の中で新たな援助場面の必要性が生じ，筆者らの施設治療と連携しながら，子どもたちへの援助を進めていった。筆者らの生活ベースの臨床的なアプローチが始まってからも，常に学校が協同援助者としての役割を分担し，生活および成長基盤としての「地元」をお互いに意識し続けたケースである。

　事例1の場合，明子の主たる生活活動場面が，B中学からX園そして高校に移り変わる間，B中学の保健室が一貫して彼女にとっての安心できる居場所，言い換えれば，程良く女性的で情緒的な抱えの場となっていた。さらに，そうした保健室の活動を支える学校内のシステムと教員間の協力体制が出来上がっていた。具体的には，①保健室と教育相談室を中心とした子どもの居場所の確保と整備，②研修委員の協力と役割分担（保護者サポート，養護教諭と一般教員との橋渡し，研修計画の立案と教員全体を巻き込んだ研修会運営，研修を通じた外部との連携），③管理職のバックアップといったことである。外部の人間である筆者も，そのシステムの中にうまく組み込まれることで，学校の基盤整備への関与，あるいは明子への援助を巡るていねいなアプローチや学校との円滑な協力関係ができた。

　治療の段階においては，入園時の設定目標に基づいたX園での関わりを補完し，抱え支える場として，保健室を中心としたB中学の役割があった。特に施設治療においては，様々な援助の為の役割と場面の構成をするが，受容する役割でさえ園の一部であるという制約があり，そこから離れた場として学校に持ち込まれるテーマも多々あった。

　事例2は，結果的には援助の途中で終了になってしまったケースである。

恵子のような事例に対して，学校や柔構造の治療施設は，病院のような明確な「枠」を設定することが困難であり，また，二者関係への過剰な没頭を避ける意味でも，田嶌がモデル化したような居場所の提供，一緒に遊ぶ，関係を継続する，そして複数で抱えるというアプローチを志向せざるを得ない[2]。この事例の場合，近すぎる恵子の家庭に巻き込まれ，かつ養護教諭が孤軍奮闘している学校状況があり，それをいかに分散し抱えるか？ということが援助初期の主眼であった。ただ，その後の経過の中で，複数の治療者や教員が関わり，かつ治療者や担任の引き継ぎもあって，複数で抱えつつも一貫して恵子の正面に居続ける存在（治療／援助におけるキーパーソン）がハッキリしなかったことが，援助を困難なものにしたと思われる。

　また，事例１に比べて学校内の方針決定のシステム，保健室へのバックアップ体制，養護教諭と担任や教育相談担当教諭との間の役割分担が未整備であった。加えてＧ中学とＸ園の関係が，筆者と養護教諭のつながりをベースにした細いものであったため，抱える基盤が脆弱なまま，Ｇ中学およびＸ園とも行動化の事後対応に追われた。結果として，恵子とその家族は両者の援助的な関わりの手を離れてしまった。

Ⅴ　おわりに

　学校と治療機関には，それぞれが拠って立つ文化と作法があり，それらをお互いに尊重しつつ，両者のコーディネーター役が上手く機能することが重要である[3]。そうした基盤の上に，子どもへの援助におけるそれぞれの役割分担と連携が成り立ち，学校カウンセリングの援助システム全体の中での意味づけがなされると思う。

参考文献
1) 杉山信作（1988）情緒障害・問題行動の発現率とその年齢による推移．小児の精神と神経，28：103-115．

2）田嶌誠一（1991）青年期境界例との「つきあい方」．心理臨床学研究 9：32-44.
3）田中実香子（1992）校内および校外専門機関との連携についての一考察，広島県安古市高等学校研究紀要，14：1-15.

編者コメント
不登校生徒に成長の場を提供する施設治療の事例

井上　洋一

　不登校問題は，必ずしも学校内だけで解決を図らなければならない問題ではない。基本的には不登校が学校と生徒の問題であったとしても，学外の施設と協力をして解決に当たることができるし，その方がより良い選択である場合もある。学校にはない機能をもつ学外の施設が，不登校生徒の抱えている問題の解決に大きな力を発揮する場合がある。学外の施設の利用も，不登校に対する選択肢の一つにいれておくべきであろう。

　西田氏の勤務する情緒障害児短期治療施設は通園部門と寄宿部門の二つを備え，必要に応じて選択できるようになっている。通園部には，適応教室が，寄宿部には小中学校の分級が併設されている。どちらも，学校ほど拘束的ではない学習や集団体験の場が用意されている。

　ここでは明子の事例を取り上げて，振り返ってみよう。明子が学外の施設に通うようなった経緯は次のとおりであった。明子がいるB中学校は「不登校問題委員会」を作り教育相談の充実や研修を行うなど，不登校への取り組みが積極的に行われていた。西田氏は，年2回中学校を訪れて，事例検討，保護者の個別相談，教員への講義などを担当していた。「親の会」で西田氏に出会った明子の母親は，養護教諭の紹介で西田氏の外来を受診した。数回の診察の後，明子の担当は，西田医師から心理療法士に引き継がれ，西田氏は全体を統括する立場から明子への関与を続けた。心理療法士は，明子の個人面接と家族面接を行った。

　外来通院をしていた明子は，自分の抱える問題を認識し，その改善に積極的な姿勢を見せ，自分から入園し寮生活を送ることを決意した。情緒障害児短期治療施設は明子に対して，多くのオプションを提出することがで

きる場であった。寄宿生活の中では，同年代の生徒だけでなく，いろいろな職種の大人との触れ合いも用意されていた。精神科医，心理療法士，看護婦，保母（保育士），児童相談員がチームを作って子どもの援助に当たっていた。明子の生活の場が広がり，明子は会話し，触れ合う多くの相手を得た。入寮した明子は，職員たちに支えられ，安心感に守られてながら，自ら集団に参加し，仲間を作っていくことができた。

　明子が問題解決のために選択したのは，不登校問題が生じた学校ではなく，学外の施設であった。そこには，明子の体験を豊かにし，発達を促進する環境が形成されていた。明子は自分を成長させる新たな機会を積極的に生かしていった。

　学校と施設の連携は重要であった。外来通院中は医師と養護教諭との間で連絡が取られ，寄宿生活が始まってからも，明子は週1回中学に立ち寄っては，養護教諭と話をした。施設のスタッフは，中学を訪問し，校長，担任，養護教諭，教育相談担当の教諭と話し合った。園と学校は密接に連絡をとり，途中の経過が学校側にも伝えられた。学校は生徒の様子を把握することに努めた。それは，やがて訪れる明子の再登校へのタイミングを測り，受け入れる時の適切な配慮を行うための準備作業でもあった。学校への円滑な復帰を成功させるためには両者の細かい連携が必要であった。

　入園後の経過を振り返ってみよう。入園した当初は，年上の大人である女子職員との接触が中心であった。次に同年代の男子との交流が始まった。そして最後に，苦手であった同性女児との付き合いが始まった。施設は多くの人的支援の輪を明子の周りに形成し，複層的な出会いが用意されていた。このような場に参加し，人と出会うこと，そのことが明子にとって最も大きな意味をもっていた。職員へ反発することもあり，職員からの自分の問題点を直面化されることもあった。自分の考えを主張し相手の意見を聞くやり取りは，明子の成長のために必要な過程であったと言えよう。そして最終的な課題である，同年代の女子との交友を実践する体験を得た。

　他方，母親には家族面接が行われた。母親に自分の感情が受け入れられ

る場が与えられたことは，明子の不登校問題への対処の過程でも重要なポイントの一つであった。母親は明子の問題を冷静に話し合い，検討することができた。 明子は妹や弟が生まれてからは，母親に迷惑をかけないように良い子として振る舞ってきたという。小学校高学年のときは，転校もあって，同性の女児との親密な交友はなく，クラスの女子からは冷たいと言われていた。中学校に進学後，グループに入ることができず，無視されているように感じて，学校を休むようになった。養護教諭との会話を楽しみに，保健室登校を続けていた。2年になり，保健室登校の生徒が増えるにつれ，保健室での仲間関係が負担となった。明子は自宅に閉じこもるようになった。

　明子は前思春期から思春期にかけて，仲間との交友をうまく結ぶことができず，仲間体験が決定的に重要になる時期にさしかかって，不登校になった。グループを作っているクラスメイトの中で，グループに所属せず，孤立した。明子は強い疎外感を感じた。学校とのつながりを確保し，自信を取り戻すための第一歩であったはずの保健室登校でさえも，そこでの仲間関係が負担になるにつれ，足が遠のいていった。自己抑制的であった明子は，甘えの欲求を十分には満足させられていなかった。依存を巡る葛藤を引きずっていた明子は，次の段階である思春期の同輩関係を形成していく準備が十分ではなかったのであろう。

　クラスの人間関係に加わる準備がまだできていないかったとはいえ，明子には，やはり仲間体験を得ることが必要であった。それも，少し易しい段階からの友達作りが明子には適当であった。施設には人間関係の形成を容易にするための，様々な場が準備されていた。共に生活し，共に活動し，仲間と接触することができる。多くのスタッフに支えられ，守られている安心感が大きな意味をもっていたのではないだろうか。明子は自ら，徐々に人間関係を広げていった。自分の力量に合った環境を得たことの意義は大きかった。カウンセリングだけでは得られない体験の広がりを得ることができた。そして一時は女子グループのリーダー的な存在にまでなったと

いう。

　適切な場を自分で選択し，参加した明子は，そこの環境の中で，自分のもっていた能力を発揮するようになった。このような対人関係の広がりは，施設に入園しなければ，得られなかったであろう。元の中学校にいたときには見せなかった，能動性や自発性が施設によって引き出された。このような体験は，明子の自己評価を高め，明子に自信をもたせる結果となっている。また母親と離れた生活は，母親への配慮や気兼ねから明子を解放したのかもしれない。

　明子が施設に入園したことは，母親にも大きな転機となった。明子が手元から離れて，気持ちのゆとりを得ることができ，家族面接では子育ての苦労や，自分の生育史についても語ることもできた。さらに夫婦の葛藤まで話題になっていた。自由に自分の気持ちを語る機会を母親が与えられたことは，明子の不登校問題と直接の関係はないものの，不登校の解決の過程で重要な意義をもっていたと考えられる。家族面接を通して，母親の葛藤が軽減したり，精神的安定性が増したことは，明子に対して大きなプラス要因として働いた。母親は家族会に参加し，その中で自分から明子の問題に関わっていく姿勢を見せるようになった。両親，特に母親自身の心のケアは，明子にもよい影響を及ぼした。筆者が親子関係の改善として指摘しているように，明子は帰宅時に自分の気持ちを母親に語るようになった。

　明子は，退園後は登校しながらアルバイトも行っているという。ときどき，園や養護教諭のところに立ち寄って話していく。明子には，専門家と被援助者という役割意識はあまり見られない。園の職員も養護教諭も，明子には，自分の生活の中に登場する一人の重要な人物である。

　自ら考え，感じ，生きていく基盤の形成されていない現代の未熟な子どもたちを援助するには，「育て直し」を行う生活ベースの臨床的な援助が求められていると西田氏は主張している。施設治療はその大役を担っている。

3

被虐待のPTSDをもち，さまざまな行動化を示す女生徒
——学校・医療・福祉施設の連携による援助について——

中坊　伸子

I　はじめに

　不登校を始めとする不適応症状を呈する生徒が急増したため，筆者の勤務する中・高等学校では，8年前から臨床心理士のスーパーヴィジョンを受けるケース会議（チーム会議）を運営し，集団で生徒を支援するシステムができている。当該生徒に関わる教師が，それぞれ把握している情報を交換し，症状の背後にあるメッセージや発達課題を分析する力，役割を分担しながら援助するトレーニングが日常的に行われ，校内の連携が成立している。また，重症例を外部の専門機関と連携して支援した経験が現在までに何例かあり，学校の閉鎖性も解かれているという背景がある。

II　事例呈示

1．亜矢のプロフィール
発症時年齢　17歳　女性
主　訴　希死念慮・過食と不食・激しい不安発作
家族歴　母と二人暮らし。母の姉との交際はあるが，金銭に関わるトラ

ブルのため，他の親族とは絶縁状態となっている。

生活歴

母方の祖父母は，所有していた広い農地を活用して不動産業を営んで成功し，資産家であった。祖父母は女の子はほしくなかったので，息子のみかわいがった。母は住み込みの家政婦に育てられ，実母の愛情を受けていない。20歳で結婚し，間もなく離婚した。祖父から財産を生前贈与され，それをもとでに不動産業を始めて成功し，資産を得た。再婚し亜矢がうまれる。父は亜矢の就学前に家を出，やがて離婚する。亜矢は5年生の時に英語圏のN国に移住し，本高校の帰国生入試を受けて入学してきた。集団の中では元気で明るく振る舞っていた。「変わった子」という印象を与えていたが，特に問題行動はなく成績は中程度であった。

2．生活歴上の問題

1）実父との関係上のトラウマ

幼児期，「嘘をつくように」と父に教えられ，母に嘘をつくと父から褒められたため，嘘をつくと父が喜ぶものと子ども心に思っていた。しかしあるとき，嘘をついて母にひどく叱られ，ガムテープで縛られ納屋に閉じ込められた。その時，母に捨てられたという思いがした。嘘をつくのが悪いことであると知らなかったと言う。「嘘」に関わることが，亜矢の心に深いこだわりを残している。「わたしは嘘つきです。毎日自分の言うことの90％は嘘です。たまに本当のことを言うと涙が出てきます」と，溢れる涙を拭いながら話してくれた。

母は，夫婦間のトラブルのほとんどすべてを，娘に話していた。父のことを亜矢は「最低の男」と思っている。「自分は母の嫌いな男の子ども」という，自分の存在そのものを否定するメッセージを，母から幼い頃より受けて育ってきた。現在も「おまえは，本当にお父さんに似ている」と，否定的な意味合いを込めて言われ続けている。「嫌いな男の子どもはかわいくないのでしょうか」と，筆者に問いかけてくる。

2）性に関わるトラウマ

9歳の時母に恋人ができ，よく来訪するのはセックスのためだとわかっていた。その人が嫌いで，家に来ると外出し夕食も一人で外食した。母がその人と一緒に入浴しているのを何度か見たことがあり，性に関して「きたない」というイメージを持っている。同時期に性的虐待を受けている。本人が言わないため相手は不明である。高校生になってから，何度か中年男性と援助交際をしている。

3）女性としての存在への傷

母は実姉の男児を5歳まで預かり育てた。理想化されたかわいいその子と比較され，男児の方がかわいいと亜矢は言われ続けてきた。亜矢は「父に似た」「女の子」という母の持つ不当な二重の価値づけで見られ，母に気にいられるよう指示どおりに生きてきたが，何をしても自分を愛してくれないと思っている。

4）ずっと死を考えながら生きてきた

N国の学校でいじめを受けたころから，毎日死にたいと思っていた。生きていてもいいことなんかないと思い，布団の中で死に方を考えるのが習慣になっている。中学2年生の頃リストカットをする。

5）母子関係

贅沢をさせるという形で母は亜矢に愛情を表現していたが，母子関係は支配・被支配の関係であった。母は感情の起伏激しく，過干渉と心理的養育放棄・情緒的虐待が繰り返されてきた。N国で母の癌が発見されて治療のため帰国し，現在は寛解している。母はことある度に，「おまえは最低なやつ」「私はもうすぐ死ぬんだから残された人生を楽しくいきたい。根暗なあんたに関わりたくない」と言う。亜矢は「シラッ」として聞いてい

ると言うが，言われる度に傷つき，母に対して，強い依存欲求と激しい憎悪の気持ちを抱いている。高校2年生3学期より，それまでの支配・被支配の関係を亜矢は崩しはじめた。飲酒をして母に暴力を振るう，睡眠薬を服薬する等の行動化が始まった。

III 経 過

1．第1期

高校2年生の3学期，自宅で多量の睡眠薬を服薬，2日間眠り続ける。教師に強い救援信号を出しながら，表面上は母子ともに援助を拒否したため，直接的な介入は困難な時期。校内での援助体制を検討し始める。

1) 教師に救援信号を出すまでの様子

高校2年生の12月頃より不眠のため，近くの精神科（H医師）へ通院を始めた。その頃から，教室にいても訳もなく涙が出たり，背中の筋肉が痙攣して「ヒィー」という声が突然出たりしていた。1月になってからは，日に何度も両耳を押さえてうずくまり，奇声を発して泣き出すようになった（教師は状況を把握していなかった）。

2) 初めて教師に出した「死にたい気持ち」

1月下旬の月曜日の放課後，教員室の机にうつ伏せている亜矢にM教師が声をかけ，事情を聴いた。土曜日の夜，貯めていた睡眠薬を全部飲んで死のうとしたけど，今朝目がさめた。母がいなかったので家出したと思い，学校に来てから何度も電話をしたが母は帰っていない。自殺未遂の動機は，顔の整形手術を反対されたためという。驚いたM教師が本人を連れて保健室に相談に来た。

脈拍・血圧は正常であるが，顔色不良でひどく痩せてぐったりとしている。母子共に食事の支度をせず，ダイエットにもなるので，まともな食事

をしていなかったと言う。母とも，主治医であるH医師とも連絡がつかなかった。M医師に相談したところ，自殺の心配がまだあれば，S養護施設が24時間体制で保護してくれるという情報を得た。水分補給をしながら事情をゆっくり聞く。亜矢は自分の生い立ちに耳を傾ける筆者を，時折冷たい視線で観察していた。「死にたい」と訴えているが，人ごとのように切実感なく話したり，笑顔で自分は嘘つきだと言ったり，捕らえ所のない感じを受けた。丁寧すぎる態度で「こんなに優しくして戴いてありがとうございます」と礼を言ったり，その言動に演技性を感じ，ボーダーライン・パーソナリテイの可能性を感じていた。担任教師に連絡することと，S養護施設に行くことを強く拒否をした。「人に親切にしてもらった後，その20倍位しっぺ返しをされました」「私と母の問題ですから」と，救援信号を出しながらも教師の援助を拒否した。一人で自宅に戻ると言う亜矢を，管理職とも相談の上，一夜だけM教師宅で預かることになり，着替えを取りに自宅に寄った。その時ちょうど帰宅した母と出会い，事情を話して母に亜矢を託した。

　休養のため亜矢をしばらく欠席させると，母が担任に連絡してきた。その後担任が母に会うよう努力したが，拒絶された。子どものことで時間をとられたくない，親のせいだといわれたくない，という理由であった。

　3）担任，M教師，筆者による今後の援助の方向についての話し合い。
　母も亜矢も不安定であった。母子間で支えきれない問題を持ち，救援信号を出してはいるが，状況が把握しきれていないので，対策が立てられなかった。当面，以下のように役割を分担した。
　◎M教師と筆者　亜矢との関わりを強めて辛い思いを聴き，受け止めてやる。本人の了解を得て主治医に会い，正確な情報収集と医師の所見を聞く。だめな時はM医師に会って相談する。
　◎筆者　　母にアプローチする。
　◎担任　　学年の教師・管理職と連絡を密にし，亜矢の命を守るネット

ワークを固める。

　1月末,「明日から学校に行こうと思うけど,担任に根掘り葉掘り聴かれたくない。そっとしておいてくれるよう,伝えてほしい」と,亜矢より筆者に電話があった。了解し,「あなたのことを見守っているので,話したくなったらいつでもおいで」と答えた。

　約2週間,通常登校した。この頃,授業以外の時間はM教師の後をついて回り,その姿はカルガモの親子を連想させた。不安はM教師に訴え,M教師が亜矢を保健室に連れて来て一緒に話を聞く,というパターンになっていた。

　2月中旬,母と亜矢が別々に筆者宅に電話をかけてきた。何事が起こったのかと驚かされるような口調で「助けてください。集団の中にいると不安になる。休みたい。でも留年はしたくない」と訴えた。医師の診断書があれば休めることを伝えた。2週間の休養が必要であるというH医師の診断書が提出され,自宅休養に入った。2月下旬,自宅療養中の亜矢からM教師に「死にたい」という電話があった。

　4）教頭・学年主任・担任・M教師・筆者で援助方針を検討

　早急に母および医師に会って正確な情報を集め,その上で亜矢を守る体制と方針を考えることにする。しかし,母は会うことを拒否した。主治医からは薬をもらっているだけで何も話してないという理由で,医師に会うことも亜矢にことわられた。

　3月初旬,登校を再開する。M教師に連れられ亜矢が保健室に来た。ここで,亜矢からこれまで断片的に聴いていた生い立ちを,時間をかけて聴いた。寂しさ,空虚な感じ,強い自己否定感が伝わってくる。

　間もなく隣国への修学旅行があるので,筆者が同行することを条件に,参加の可否と配慮事項についてH医師かM医師に相談に行くことを提案すると,了解し翌日M医師を受診した。

　M医師の診断と助言

① ボーダーライン・パーソナリテイの可能性がある。
② 自殺の可能性は少ない。
③ 頭が良くて，しっかり先を考えられる子である。行動力があるので今まで生き延びてきた。これからもこの子なりに生き延びる。先々を心配して手を打つと，よけいに悪くなることがある。自分で求めてきたことだけ具体的にアドバイスする。
④ 母はさわらない。
⑤ 修学旅行の参加については本人の判断にまかせること。
⑥ 進級に関しては具体的な条件を説明してやれば本人が考える。
⑦ 「死にたい」と訴えるのは，母に拒絶されたので誰かに本気でかまって欲しいというサインである。

5）M医師の助言を受け，関係教員で，役割を分担検討
　あまりに苛酷な生い立ちのため，人格発達上の難題を抱えている。母も不幸な生育で不安定であったため，無条件で母に受け入れ愛して貰うことができず，人間関係を築いていくための土台が脆弱である。他者との距離をどう取っていいかわからないので，信頼関係を構築していくのが困難となっている。自分に関心をもって貰うために，人が必ず動くような行動を起こして人を操作するという方法をとる。行動化に適度に揺れてやりながらも，等距離を保ち振り回されないようにする。振り回されると症状がひどくなる。同じ位置に居て動かず，あなたのことを見捨てないよというメッセージを送ることが大切である。また適度に揺れてやらないと，もっと大きな行動化に向かう。
　M教師→　一緒に揺れてやり，かまってやる。（ただし校内でのみ）
　担任　→　揺れない。冷静に担任としての動きをする。他の子と変わらない扱い。
　筆者→　求めてくれば代理母の役割をする。
　3月中旬，隣国への修学旅行に参加した。現地でしばしばパニックを起

こし，教師や級友を振り回した。

2．第2期

　高校3年生の1学期，母の家出による養育放棄で，亜矢パニックに陥る。強い不安による行動化。医師・福祉施設による危機介入開始。児童相談所一時保護後，養護施設入所。登校中止。

　5月初旬，アトピー性皮膚炎がひどくなり母に連れられ温泉に行く。着いたその日にパニックを起こして夜中に帰京する。自宅で暴れ，母に暴力を振るった。制止できなくなった母は，旧担任に助けを求め，旧担任が亜矢の自宅にかけつけた。

　翌日は登校。授業途中に「気が狂いそう。暴力を振るったり，大声を出したくなる。先生どうしましょう」と訴えて来室した。手足が冷たく強ばり，顔色が悪く，堅い表情で焦点の定まらない空虚な眼差しに，ただ事でない感じがした。H医師の病院に連絡をとり緊急に診てもらうことにする。待っている間も筆者の手を握ってはなさず，不安の大きさが伝わってきた。医師からは特に指示なく頓服をもらって帰る。保健室での亜矢の様子はそのつど新担任および教頭に報告し，担任には実際に見てもらうように努めた。

　翌日朝，強ばった表情で来室した。ベットに安静後嘔吐，何度もからえずきがあり筆者の手を握って離さなかった。まともな食事をしていないのか痩せて顔色が悪い。手を握り，頭をなでながら落ち着くように接していると，視線を感じたので亜矢の顔を見ると，ゾッとするような冷たい目で筆者を見つめていた。今まで出会った事のない恨みのこもった眼差しであった。視線をそらさないでその目を見つめていると，絞りだすような声で訴えた。

「死にたい。もう生きていたくない。どうしたら死ねるのか教えて！」
「死んだらあかん。今は眠りなさい。そばについて居てあげるから」
「眠っても何の解決にもならへん。また目が覚めてしまうから眠りたくな

い」

　言葉を失い亜矢の目を見つめていると，突然起き上がり「先生，暴れてもいい？」と言った後，泣きさけびながら激しく枕を叩き始めた。手から出血し枕やシーツが血だらけになっても，叩き続けていた。休養室の扉を閉め，ベッドの側に座り，亜矢の怒りの大きさ，悲しみの深さを感じながら，じっと見守っていた。彼女がそれを筆者に求めていると思った。「私のこの怒りと悲しみを受け止めて欲しい」と。長い１時間だった。泣き疲れて眠った後，学年主任が様子を見にきてくれた。目が覚めた後，午後の授業に出た（卒業するために出席日数をひどく気にしていた）。

　１）主任・担任・筆者で相談をし，翌日の「チーム会議」で方針の再検討をすることにする。（チーム会議→臨床心理士のスーパーヴィジョンが得られるケース会議）
　チーム会議で検討した方針
　①　管理職が母に会い，学校の限界を含めて学校の関わり方，学校生活を正常に送るための保護者の役割について話してもらう。
　②　母自身が困難な課題を抱えている。母子分離の目的も含めて，入院の方向を探る。
　亜矢とよく話しあいカウンセリングを受けるように援助する。
　この子には，何故自分を生んだのだという恨みがある。
　この頃，自宅で飲酒して母へ暴力を振るうことがひどくなり，困った母が亜矢をＨ医師の病院を受診させ，Ｈ医師の紹介でＲ病院に入院となる。入院中個室にある蛇口を開けっ放しにして，床を水びたしにするなどして，ナースを困らせた。３日で退院する。
亜矢「人が怒る顔を見るのは楽しい」
筆者「自分の思いどおりになるし，か？」
亜矢「そう。わたしはどうすれば人が怒るか知っている」
　退院の条件は，家で暴れないということだったが自信がないと言う。

筆者が母に会いたいと告げると,「会っても無駄ですよ」と言うが拒否はしなかった。

2）教頭・主任・担任・M教師・筆者で方針会議
　チーム会議で出た方針を報告,共通理解をはかる。母には筆者が連絡を取ることになる。母は担任と筆者に会うことは了解したが,管理職に会うことは拒否をした。教頭と主任は別室で待機し,担任とともに母に会う。
　知的に高く弁が立ち,極端な言動をする女性である。落ち着いて話し合うことができ,協力して亜矢を支えていこうということになった。
　5月中旬,母の対応が変化し,亜矢もしばらくは落ち着いていた。
　5月下旬,アトピーの悪化から伝染性膿化疹になり入院した。医師より栄養不良が指摘されて,食事改善を始めたことをきっかけに過食になり,短期間に体重が6kg増加した。以後過食と肥満に悩まされることになる。
　2日に1度の割合で「死にたい」と訴えて来室した。また,休み時間に保健室まで走って来て「先生,エネルギーちょうだい」と筆者に抱きつき,満足すると風のように教室に戻って行くことが何度かあり,他の生徒たちを驚かせた。この頃授業には出ていたが,虚ろな目をして座っているか,机に伏せて寝ていることが多かった。
　6月初旬のある日,昼休みに来室。いつものようにベッドには行かず,筆者の横に来て座る。何か話したい様子であった。
「この夏休みに整形手術をどうしてもしたいのに,母が許してくれへん。母は私が本当に欲しいものはくれへん。くれるのは欲しくないものばかり」と涙ぐむ。このことを巡ってまた母と険悪な関係になっているという。
「お父さんに似ているからか？」
「それもある……」涙が溢れる。
「自分と接する人は皆不幸になる」
「私はあなたと一緒に居ても不幸になっていないよ。あなたと私は違う人間やし,私がもし不幸な目にあってもあなたには関係ない。あなたの影

響は受けないよ。」と，視線をはずさずきっぱりと言うと，ニタッと笑い，「先生はしっかりされているから」と言う。このニタッと笑った時の亜矢は，それまで見せていた涙ぐむ少女ではなく，筆者を値踏みし試している強かな一面が垣間みられ，援助者として彼女に鍛えられていると感じた。「私はあなたに出会ってよかったと思っているよ」と，亜矢の目を見てほほ笑むと，涙を拭き安心した表情の笑顔で「授業にいかなあかん」と言い教室に戻っていった。

　6月中旬の授業中に保健室へ行きたいと訴え，教室を出た所で号泣した。周辺のクラスの生徒や教師が驚き，保健室に連絡があり迎えに行ったところ，「死にたい，誰かを殺したい」と言い続けていた。事情を聞くと母が4日前から家を出て帰ってこない。叔母の家に居ると思って何度も連絡したが，連絡が取れないので不安になった。睡眠薬を飲んで眠ったり，飲酒をして気を紛らわせていたが，もう耐えられないという。

　主任と担任が，母の姉の家に何度も連絡をしたが連絡が取れないため，教頭が亜矢を連れ，隣県の〇市の叔母の家に行ったが留守であった。叔父の仕事先に連絡をして尋ねると，亜矢親子とは付き合いをしていないし，妻も10日前から家を出ていない，と冷たく断られた。帰校後，亜矢を連れ警察に捜索願いを出した。

　孤立した家族で他に親族もなく，亜矢の保護をどうすればいいか途方に暮れた。児童福祉センターのY医師に相談したところ，18歳になっていなければ，児童相談所で一時保護をしてもらえる。ケースワーカーに相談するようにという助言を得た。誕生日は7月でまだ17歳であった。関係教員と協議し，ケースワーカーに相談し，本人も同意したので筆者が同行し，児童相談所へ連れて行った。児童相談所への道中，不安を全身に現し筆者の身体にピッタリと身を寄せ，施設ではなく筆者の家に行きたいと訴えた。気持ちは理解できたが，「できない」と言わざるをえなかった。ケースワーカーと面接をした後，一時保護所に入所が決まった。亜矢は幼児のように退行し，筆者との分離不安を訴えて後追いをしたが，保母に添い寝を依頼

して職場へ戻った。

3）翌日教頭・担任・筆者で児相訪問

ケースワーカーにこの間の経過を報告し，一時保護所での亜矢の様子を聞いた。出席日数と期末テストを気にして不安がり，登校すると言っているとのことであった。

Y医師と面談し，2〜3週間の一時保護の後，養護施設入所を考えながら治療をしていく。教師の面会を支えにがんばらせたいと聞かされた。今後連携をしながら協力しあって母子を援助していくことを確認した。

本人に会って，夏休みまで休んでも大丈夫であることを教頭と担任から伝えた。この安心のメッセージが，その後亜矢が安心して治療を受けるための大事な節目になった。

以後筆者が学校と専門機関の連絡の窓口になり，連携を図る。必要に応じて医師・ケースワーカーと情報を交換しながら，亜矢の不安を取り除き，安心して治療が受けられるよう側面的な援助を続けた。

一時保護所での生活は，他の入居者とのトラブルはあったが，睡眠・食事など基本的な生活が保障され，必要な医療が受けられ，なによりも常時大人が側にいて，安定した世話を受けられたことが，弱っていた心と身体の回復のために重要であった。

入所当初は，ほっとしたのか居室で一日中眠っていた。そして焦点の定まらないぼんやりとした表情で，母に会いたいという思いや一人になってしまった不安などを訴えていた。

6月下旬，母が姉と共に帰宅した。飲酒をして暴れる亜矢を懲らしめるため，姉と2人で旅行していたとのこと。叔父の言った「亜矢母子と付き合いがない」というのは嘘であることがわかった。

4）ケースワーカーと学校関係者による母とその姉に面接

管理職から，親として養育放棄は心理的虐待であることを厳しく指摘し

た後,亜矢の抱えている課題と危機について説明し,医師の治療およびケースワーカーの援助,そして母の協力が必要であることを説明した。母は大ごとになっていることに驚き,もう子育てに自信がないと泣いていたが,叔母は「私達のしたことは間違っていない」と反論していた。

　医師およびケースワーカーの母への援助が開始され,ようやく専門機関による母子への危機介入が可能になった。以後,母への援助は医師とケースワーカーにまかせ,学校は亜矢を支えることに専念した。

5) Y医師と筆者の打ち合わせ
◎Y医師の診断と助言
　分裂病ではなく,母子関係からくる長期のストレスによる抑うつである。教師の安全保障（出席日数と卒業）・生活の安定・抗うつ剤の効果で,現在は落ち着いている状態である。これから18歳相当の自立の力をつける方向で,自分と向き合わせ考えさせる予定である。その前に教師にラポートをとってほしいという助言があり,本人の希望で筆者が会うことになった。母が帰宅したことをY医師から亜矢に伝えてもらった。

　7月初旬,亜矢と筆者面接。
　顔色が良く目も焦点が定まり,座ってゆっくりと話ができた。
　筆者「今すぐ母のもとに帰ることには賛成できない。母と一定の距離をとりながらうまく付き合えるようになるまで,もう少し時間が必要。母にも支援が必要だと思う」。
　亜矢「今すぐ母に会いたいモードではない。今までもずっと一人だった。母を求め,母に迷惑をかけだしたのは高校2年生の終わりごろから。泣き叫びたい,暴れたいという思いが,今も心の中に蠢き出口を求めている。考えてみれば,中学2年生ごろからそんな思いがあった。この思いは母との関係だけが原因ではないように思う。」
　筆者「性的虐待か？」
　亜矢「うん」

筆者「今まで蓋をしてしまい込んできた辛いことを，少しずつ医師に話して，心の傷を癒していく時がきているように思う。苦しい思いが一杯になったので，それらが出口を求めて，怒りや泣き叫びたい気持ちとして出ているのではないか。もう応急処置では間にあわない。プロの援助がないとあなたが潰れてしまう。ケースワーカーや保母さん・医師に見守られている所で，自分で，その傷をひとつひとつ治していく作業をするいい機会だと思う。目的はあなたが卒業した後，一人で安定した社会生活ができるようになること。そして，母とうまく付き合えるようになること。でも，卒業するまでここには居られないので，児童養護施設から通学し，ときどき母と会うという方法もある。母と医師とケースワーカーとよく相談して，自分がどうしたらよいのかよく考えてほしい」

亜矢「うん，わかった」

その後も何度か家に帰りたいと訴えた。理由は母の側にいたい。整形手術を受けたいということだった。その都度，今乗り越えなければならない亜矢の課題について話し合った。この頃，母は医師やケースワーカーに「娘に会いたくない。家に帰って来ては困る」と拒否をしていた。

7月中旬，ケースワーカーの同席のもと亜矢と母が会った。母に「今あなたを引き取れない。お母さんも変わろうとしているから」と言われ，一時投げやりになっていたが，児童養護施設に入ることを考え始めた。3日後ケースワーカーの引率で母と共に養育園を見学し，園長を含めて話合った。そこで亜矢は母に「私は今しんどい，お母さんに助けてほしい」と言えた。「どうしてやっていいか分からない。今は一緒に住めない」と母に言われ，あきらめたのか養育園に行くことを決めたようすだったとのこと。しかし，まだ迷いがあり揺れていたため，筆者から話してやってほしいとケースワーカーから依頼があった。

◎一時保護所を訪れ亜矢と面接

顔色もよく表情もしっかりし，着実な健康の回復が伺える。落ち着いた表情で，時には涙を浮かべながら，母との関係，自分を好きになれないこ

③ 被虐待のPTSDをもち，さまざまな行動化を示す女生徒

と，将来のこと等つぎつぎと話してくれた。怒りや泣きたい発作は最近は起きない。母にきっぱりと同居を断られ，さっぱりしたと言いながらも涙が溢れる。「これで母とは完全に縁が切れた」と思ったと言う。

筆者「今までの古い関係は切れたかもしれない。でもそれは新しい関係を作っていくために必要なこと。今しばらく距離をおいて，お互いが冷静になることが大事。このまま家に帰っても，また傷つけ合うことになってしまう。養育園でゆっくりと今までの疲れを取り，あなたの内面からエネルギーが湧いてくるのを待った方がいい。夏休みに元気になって，2学期から学校に来れないと卒業できない。母も，今医師の力を借りてあなたとの関係を見つめ直す努力をしている」

亜矢「元気になれるでしょうか？」

筆者「今しんどいのは，17年間の疲れが出ているのだと思う。ほっとできたから，安心して疲れが出ているのだと思うよ。違うかな？」

亜矢「そう思う。どこかほっとしている」

筆者「寝たいだけ寝たらいい。心とからだがそれを要求していると思う。眠ることと食べることが保障され，いつも側に大人が居るという状態は，今のあなたにはとても必要なこと。家でそれは無理だと思う」

亜矢「そうですね」

養育園に入園することを決めてからは，比較的に落ち着き，笑顔もみられるようになり，その1週間後の7月下旬に入園した。18歳の誕生日を目前にしたぎりぎりの入園決定であった。

園での生活は，亜矢の持ち前の気の強さもあって，同室の子とうまくいかないことを訴え，不食と過食を繰り返しながらも，指導員の暖かい援助の下で確実に健康を回復していった。園長・指導員とは，筆者が亜矢の面会に訪れた時に情報交換をした。着替えを持って来た母から「あんたの荷物は全部捨てた。私はもうすぐ死ぬから楽しく生きたいので，あんたとは二度と一緒に暮らさない」と言われたらしく，筆者に母のことを激しくのしり，母を諦めようとしながらも母を求め，母の言動に大きく揺れてい

た。その母を誘いバーゲンセールに出かけたり，1学期に親しくなり始めていた友人と会ったり，自分のペースで落ち着いた生活ができていた。

しかし，数人の優しいタイプの本校教員に，「死にたい。今，孤児院に入っている。誰にも言わないで。中坊先生なら言ってもいい」と夜中に電話をかけて驚かせ，筆者宅に教員から連絡があった。そういった操作的な言動には乗らず，彼女と会う時は事前にお互いの都合を確認してから会うようにしていた。この頃の亜矢の訴えの中心は，「死にたい」ではなく「卒業までに整形手術したいのに，母が同意してくれない」ということであった。母への援助は，指導員・Y医師・ケースワーカーが継続してあたっていた。

3．第3期

3年生2学期，再登校開始。母子同居再開。教師・医師・CW・養護施設が継続して本人と母を援助。

9月初旬，養育園から通学を始めた。休み時間に来室した亜矢は，すっかり落ち着いて自然に笑みがこぼれ，18歳のチャーミングな女の子にもどっていた。母は変わらない人なので，自分が折れれば家に帰ってもなんとかやっていけそうだ，と自宅に戻ることを希望していた。

ケースワーカー・指導員同席の下で母子の話し合いをした。母子間で激しい言い争いがあったが，ケースワーカー・指導員の援助でまとまり，養育園に籍を置いたまま自宅から通学することになった。

Y医師の助言により，昼の服薬は保健室ですることにし，しばらくは毎日顔を見て経過を観察した。

9月中旬，学年主任・担任・筆者で母と面談。緊張した面持ちで母は来校し，「お世話になりました」と丁寧に挨拶した。今まで遊んで暮らしてきたので働いている姿も見せたいと思い，パートで働き始めたという。自宅での亜矢はずいぶん落ち着いているが，母の作る食事は食べず，コンニャク等のダイエット食品ばかり食べているので困っていることと，成績の不

安を訴えた。

教師「ダイエットと成績のことは医師と教師が指導するので，しばらく見守っていてやってほしい。どうしても困ったことがあれば，教師に連絡をしてほしい。黙って家を出ることはやめてほしい。学校と親が協力して亜矢を支え，このまま落ち着いて学校生活を送り卒業をさせてやりたい」

母「本人をほうり出すこともですか？」

教師「もちろんです。娘を放り出すことも，お母さんが家をでることもだめです」

母「わかりました」と笑顔で答えた。

　9月下旬，この頃は来室回数も週1回程度になっていた。家ではほとんど自室にいるので母とぶつかることもなく，「今は落ち着いています」と笑顔で報告してくれた。ある日，「女性が取れる資格」という本に付箋を数枚貼り，元気一杯走ってそれを見せにきた。将来離婚した時に，資格を持っていた方がいいという母のアドバイスで，大学に通いながら専門学校に行くつもりだという。理学療法士や物療士等，大学と両立して取れる資格ではなく，現実吟味の力はまだ足りなくはあったが，未来に向かって生き始めたことが伺えて，嬉しい変化であった。

　10月～12月頃に，クラスの中で不適応感をもち始めた。机の上に落書きされたり，家庭科の実習のグループ編成時，自分が入ることを露骨にいやがられたと感じて深く傷ついた。「どうして自分はばかにされるのか，人とどう違うのか，母からもバカだといわれる。みにくいからか？　太っているからか？　自分はバカだ。せっかく痩せたのにまた太ってしまった。ダイエットしても痩せない。痩せたい！」と，号泣した。辛い思いを素直に出し，保健室のごみ箱が，涙と鼻汁を拭いたテッシュペーパーで一杯になる程泣いた後，授業に戻った。

　整形手術が彼女の本格的なテーマになり，この事を巡って母と言い争いが激しくなった。一度に10着もの服を衝動買いをしたり，不眠や胸が苦しくなると訴えたりしていた。定期テスト前の緊張と不安も重なっていた。

筆者「どんな顔になりたいの？」

亜矢「他人の顔をまっすぐ見れる顔になりたい。今は見れなくていつも下を向いている」

　胸をつかれる言葉である。深い水準での自己否定感をもって亜矢が生きていることを，改めて感じさせられた。

　Y医師の支えと，少しずつ広がっていた友人の支えもあって，不安定な時期をどうにか乗り越えることができた。卒業と進学をきめるテストも，家庭教師の力も借りなんとかクリアーできた。

4．第4期

　高校3年生3学期，進路決定への援助を行い，卒業，大学へ進学した時期である。卒業を控えた2月1日，卒業後の支援態勢について，母・Y医師・ケースワーカー・筆者・指導員が集まって，カンファレンスをもち，次のように話あった。

　それぞれの分野の専門家の連携により，亜矢の心とからだの健康の回復と自立を支援することができた。大学進学が決まり亜矢は自信と誇りをもつことができた。今後の課題は，大学入学後，相談に乗ってもらえる所と連絡をつけ，支援体制を作っておく。Y医師が紹介状を書き，入学後それを持って母子でサポートルームと保健センターへ挨拶に行く。6月頃まではY医師の治療をうけ，後は大学の医師につないでいく。養育園の籍は2月末までおいておく。措置解除については本人と医師の面接の中でも相談し，ケースワーカーと医師が検討する。措置解除になっても，アフターケアーとして母の支援は指導員が引き続きしていく。

　友人関係が広がり居場所ができたため，安定した学校生活を送れるようになり，保健室にはほとんど顔をみせなくなっていた。来室しても，整形手術のことは話題にしなくなった。担任によるきめ細かな進路指導により，進学する学部も決まり，3月1日，振り袖を着て晴れやかな顔で卒業式に出席し，巣立っていった。

IV. 連携についての考察

1. 連携の必要性

　この事例を通して，管理職を含めた本児に関わった教師は，外部専門機関との連携が必要であると改めて痛感した。学校内部での取り組みだけでは，様々な不適応症状を呈する子どもを支援しきれないことを，現場の教師は実感している。多機関が連携しないと乗り越えられない子どもの実態がある。「内部での連携」と「外部との連携」が，教育現場で今後一層切実な問題となってくると思われる。本事例の連携の全体像を図-1に示した。

2. 連携におけるキーパーソンの役割

　地域での社会的資源の情報に通じ，専門機関の紹介とその連絡調整をし，必要に応じて連携を広げていく役割がある。その際，子どもを見る目を絶

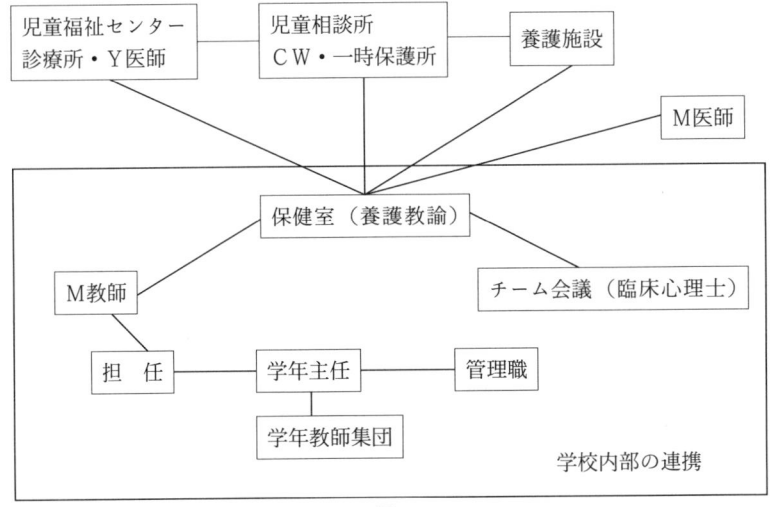

図-1

えず深め，その年齢に起こりうる心理状態や精神医学的な基礎知識に基づく，当たらずとも遠からずの見立てをする力が求められる。

　教育的な援助で出来ることと出来ないことを客観的に整理して，子どもや親に提示し，出来ない部分については，外部の専門機関を紹介し連携を図る。他機関に紹介をしてからも，学校は支援のチームの重要なメンバーとして機能していく必要を日々の業務の中で痛感している。また，外部の介入が必要ない時期であっても，問題の程度によっては，外部機関のアセスメント機能やスーパーヴィジョン機能を活用していくことが重要である。

　本校では，養護教諭がチーム会議のコーディネイターをし，学校内部のネットワーキングと，外部との協働のためのキーパーソンの役割を果たす立場にある。しかし少数職種であり，その職域の広さと多忙の中で，多くの矛盾を抱えながら，試行錯誤している現状である。専念できる条件，体制が必要である。

3．連携の効果

　医療や心理領域で，試され蓄積された専門的な理論や技術にふれ，学ぶことができれば，子どもを見る目に奥行きができ，それは教育の現場でしかできない援助活動を主体的に創造していく力になる。また子どもの救援信号を早期にキャッチするアンテナの感度を高めることにもつながる。閉鎖された教育の世界に新しい風を入れ，一面的で硬直した子どもの見方や指導の在り方を揺さぶり，問い直していく必要がある。それぞれの独自の役割を明確にしながら連携を図っていくと，自らの限界性も認知でき，抱え込むというリスクを背負わずにすむ。それは，長期に安定して独自の機能を果たして支援していくためにとても重要である。子どもを主体者として尊重し，適度の心理的距離をおきながら自立を支援していくために，欠かすことのできない条件と思われる。

編者コメント
養護教諭を中心とした連携，援助の輪の形成

井上　洋一

　学校で，生徒の問題に最初に接するのは教師である。個々の教師は，生徒が抱える問題にどこまで対応することができるのだろうか。一人の生徒にどれくらいの時間を割くことができるのか，生徒の生活にどの程度まで立ち入って関与することができるのだろうか。生徒が抱える問題が大きくて，教師の力量を超えていることがあるかもしれない。多忙な勤務の中では時間的制約もある。日常の生徒―教師関係の在り方，生徒の問題を感じ取る教師の感受性，学校全体としての生徒のメンタルヘルスへの取り組み方など，多くの問題がある。学校がどこまで学校が生徒の問題に関与すべきかという問に，多分正解はない。
　学校のメンタルヘルス活動が，養護教諭を中心として，協力体制が整えられたとき，どこまでの対応力を発揮することができるのか，本事例は一つの例であり，また一つの回答でもあると編者は考えている。
　生徒の心の問題を取り扱う相談は，それなりの配慮が必要である。自分の経験から生徒の問題を理解し，カウンセリング的な立場に立って，適切な対応を行っている教師の方も少なくない。しかしカウンセリングは通常の教育的な立場からの生活指導とは異なっている。常識的な判断で対応できる内容であれば問題はないが，複雑な生活環境が関与していたり，深刻な心の悩みを抱えている場合は，それなりの対応や判断が求められる。複雑な心の問題を取り扱うためにはカウンセリングを行う専門的知識を持っていることが望ましい。養護教諭やカウンセラーは，研修を受け，事例研究会に参加し，自分の担当した事例に対するスーパーバイズをうけるなどの経験を積み重ねている。ところが，教師がカウンセリングを学ぶために，

多くの時間を割くことは困難である。日常業務で多忙な教師が，生徒の話しに耳を傾け，共に考える時間を十分にとることができるのか，また精神的な負担にどれだけ耐えられるのか，担任が引き受けることができる範囲にも限界はある。このような現状を見たときに，学校内の専門職である養護教諭は，学校のメンタルヘルスの中心として，果たす役割は大きい。

生徒のメンタルヘルスは，養護教諭やスクールカウンセラーに任せてしまえる種類の問題ではなく，担任教師として関与すべき重要な問題である。教師一人一人のメンタルヘルスへの意識が向上するならば，その合計は大きな値になり，学校が生徒の問題に対応する力は全体として増加する。どこまで学校が生徒の問題に関与すべきかという問に正解はない。しかし様々な学校内の取り組みや養護教諭，担任の協力によってここまで対応できた一例として，本事例を見ることができる。

一般に教師を対象にした啓蒙活動が講演会や研修という形で行われているが，中坊氏の学校では，さらに1歩進めて，実際的な効果を引き出す，システムを作り上げている。臨床心理士のスーパーヴィジョンを受けるケース会議が行われ，当該生徒にかかわる教師は，症状の背後にあるメッセージを読み取ることを学び，発達課題を分析する。教師は事例検討に参加し，スーパーヴィジョンを受け，具体的な事例から生徒の問題へどう取り組むかという感覚を身につけていくことができる。事例の経過やカウンセリングの実際を学ぶ機会を多くの教師が与えられている。そして生徒の心情への表面的でない理解と，一方的でない対応性を身につけることができるのではないだろうか。日常的に，特別のこととしてでなくこれらの活動が行われ，校内のメンタルヘルスへの連携が成立している。一人の生徒を大勢の中の一人としてみるのではなく，生活的広がりと，歴史的背景をもつ個人として理解しようとする。それがカウンセリングマインドである。学校カウンセリングの基盤になるのは，生徒のメンタルヘルスに対する学校全体としての取り組みであり，個々の生徒の生き方に注目し，尊重する雰囲気ではないだろうか。中坊氏はこれらのシステムのキーパーソンとして，

活動しておられる。

　亜矢（17歳）は幼い時から，家庭のひずみの中で安定した自己を保つことができないままに大きくなった。父親は幼いとき，家を出ていった。母親との関係の中で，亜矢は否定的な感情を浴びせかけられてきたという。性に関する不幸な体験を男性から一方的に与えられた。しかもそれは自然の成熟に到達する以前であった。やがて，亜矢の精神的バランスが大きく破綻を見せるようになった。様々な問題行為が現れた。多量の睡眠薬服用，飲酒，母親への暴力。溜め込まれていた感情が，堤防を破って氾濫し，自分も周囲の人も流れに飲み込もうとするかのように，襲いかかっていった。

　教師とのかかわりの発端は，教員室で机にうつ伏せている亜矢をM教師が保健室に連れて行ったエピソードであった。職員室でうつ伏せている亜矢は，背中で学校に助けを求めていた。中坊氏は，まず母親とかかりつけの医師に連絡し，関係者と情報を共有した。生徒の健康に関与する責任は，第一に家族にあることをどのような事例であっても常に前提として対処しておくべきである。次に医師に連絡をとり，今後の経過の中で予想される最も深刻な可能性である自殺について相談した。そして保護してくれる施設の情報を確認した。この二つの手順を踏んで，生徒へのサポートの体制をまず明確にした。特に生徒の問題が複雑で重い場合，学校だけで生徒の問題を抱え込んでしまわないためにも，基本的な支援体制を初めに明確にしておくことは，最も重要である。

　亜矢が語った生い立ちは，穏やかさや暖かさからは程遠く，聞く者に衝撃を与える内容であった。通常このような生い立ちを他人に語るには，決意が必要である。自分が否定されたり，忌避される恐れを感じる深刻な内容を語るためには，相手に対する信頼がなければならない。自分の個人的な秘密をさらけ出すことは，自分を賭けた行為でもある。したがって，そのような深刻な話が語り出されたときには，すでに相手に対する何らかの信頼があり，理解される期待が込められている。前もって，それなりの手

応えが確認された相手が聞き手として選ばれている。聞く方もまた気楽に聞き流せる内容ではない。語られた問題の重大さに対して，何らかの反応をせざるを得ない立場に立たされる。すなわち，深刻な生育歴の吐露は，語る者からの問いかけでもあり，聞く者はそれに対する自己の立場を問われることになる。

　さて，そのような期待をかけられたときに，どのような態度をとることがベストなのか。一つの答えを中坊氏は示している。亜矢は時折冷たい視線で中坊氏筆者を観察し，人ごとのように切実感なく話したり，丁寧過ぎる態度で礼を言ったりした。中坊氏はそこに演技性を感じた。深刻な問題に出会ったときには，なにより冷静な判断が求められる。冷静な視線がなければ，安定した関係の基盤は生み出されない。中坊氏の経験を積んだ感覚は，亜矢の感情の動きの不連続性，一方的で断定的な話法，救助を求めながら，自分の好みを強く主張し譲らない態度を的確に捉えている。この冷静な視線は，カウンセリングに必要な共感的，支持的な態度と矛盾するものではない。両者はカウンセリングに必要な両輪である。
深刻な悩みを抱えているという部分に共感するだけではカウンセリングは前に進まない。相手の態度を冷静に見つめる視点をもっていないならば，相手のその場の感情を肯定し，振り回されるだけに終わる。相手と自分との間に生じている関係を把握する目をもっていなければ，そこで生じていることを正確に理解し，必要な方向に導くことはできない。

　亜矢の抱える重い世界がM教師と中坊氏の前に開かれた。母親は担任との面接を拒否した。M教師は一夜だけ自宅で預かることを申し出た。初回の出会いの中に多くの濃密な内容が現れ，その後の平坦ではない展開を予測させた。怒りと自己卑下と依存の気持ちが激しく吹き荒れて，亜矢の心の渦は周囲の人物を巻き込み飲み込もうとした。中坊氏は，亜矢の悩みに共感を表現しながら，冷静さを忘れていなかった。中坊氏の落ち着いた対応の姿勢は，亜矢の揺れる心に対処するための錨として機能した。

　M教師は，中坊氏の立場よりも亜矢に近づいている。亜矢に向かって１

歩踏み込んで，亜矢の求める支持を与えた。亜矢は依存できる相手を求めている。この位置にまで接近し，支持することは亜矢の安定に直接的な効果をもたらす。その一方で，M教師は個人的な献身を求められ，時には教師の業務を遥かに超えた努力を強いられる可能性があった。このような立場のM教師を助けたのは，関係教員の対策会議であった。関係教員による対策会議で，限界が設定された。M教師は亜矢と一緒に揺れてやり，構ってやる。ただし校内に限る。このような枠組が設定された。M教師と亜矢との関係の中にルールが持ちこまれた。

　教師が生徒を援助しようとして親密な2者関係に巻き込まれることがある。そのような立場にある教師には，不安が生じることがある。生徒の依存欲求が増大することへの不安，自分が拒否したときに生徒が自棄的な行動に走る不安である。他の教員からの援助が得られず，これらの不安を一人で抱え込むしかないとき，教師は孤立感を感じさせられる。これに対し，グループで対応を協議して，当事者を孤立させない配慮をすることができる。当の教師が受け持つ範囲を限定し，その範囲外はグループが対処する。このような体制作りは非常に重要である。M教師に過剰な負担がかかったとき，亜矢との関係は破綻する恐れがある。そして，教師への不信感が増し，それまで積み上げてきた努力が無駄になるばかりか，信頼や努力が結局実を結ばないという体験に終ってしまうことにもなりかねない。

　中坊氏は亜矢の身体性に注目している。身体は言葉ほど饒舌ではない。こちらから注意を向けなければ，何も語らない。しかし，言葉がない身体は自己を偽ることもない。そこには，亜矢の生身が現れている。中坊氏の言う，身体とは，単なる肉体のことではなく，全身から滲み出る気配のようなものであろう。それは身体を通してたち現れる亜矢の生き様と言ってもよい。冷たさ，硬さ，強張りなどを表現する亜矢の身体，そして嘔吐，枕を叩くなど身体を通して現れる行為。経験を積んだカウンセラーは言葉と同じくらい，これら身体的表現に注目する。言葉の裏づけを身体の表情

に求める。あるいは身体から読み取った気配の裏づけを言葉の中に見つけようとする。身体は表現するだけでなく，コミュニケートする。百の言葉よりも身体の表現が深い気持ちを語ることがある。

　亜矢のように，病理水準が重い事例の場合，医師との連絡，相談，入院の可能性など医療との連携が必要になる。また家族との協力体制作りは必ずしも容易ではない。特に母親への対応は慎重になされた。亜矢の葛藤の中心的存在であり，決定的な重みを持っている母親の重要性は明らかであるが，母親からどこまでの援助を引き出せるのかは，現実的な判断が求められた。当たって砕けろ式の蛮勇は有害なことが多い。亜矢の主要な依存対象である母親へどのように，アプローチしていくのか。全体的な見通しの下で，慎重に検討された。母親に対して具体的な要求をぶつけても，それがすぐに改善に結びつくことは期待できない場合もある。まず母親との間に信頼関係ができるように努力することからスタートするべきである。安定を得るために児童擁護施設への入所が検討され，養育園への入園が決まった。

　亜矢の言葉は，何重にも意味をもっている。自己の苦悩の告白，聞き手を困らせたい気持ち，助けてほしいという訴え，そして，あなたは私のことをどう思っているのかという強い問いかけ。中坊氏は，動揺せず，自分のスタンスを守り，相手の苦悩に焦点を合わせ続け，適切な言葉を返していった。あるときは共感的に，あるときはきっぱりと，そしてあるときはゆとりを与えるように。その時の相手の感情の流れを読み取ろうとする感性，経験，判断力，そして相手に対する善意など，学校カウンセリングに必要なものが何であるのか，いくつかの示唆がそこにある。養護教諭は校内のメンタルヘルスの専門化として，学校カウンセリングの中心的役割を果たすことができる位置にあることを，本事例は示している。

4

校内相談室における精神保健の取り組み

細田　憲一

I　相談概況

　生徒数2000人を抱える本校が教育相談室を設置したのは昭和50年代の半ばという。筆者は平成3年4月に相談室のカウンセラーとして赴任した。それから平成10年度末までの8年間に訪れた相談者は438名であり，うち不登校は173名（39.5％）であった。年度によって33名から94名と相談者数に幅がある。しかし，そこに占める不登校の割合は，平成3年度の52％を除いては，ほぼ40％で変化していない。1，2回の電話相談だけで改善される問題もあれば，200回近い面接を行った事例もある。10回程度の相談で終結する事例が多い中で，25回以上の面接を必要としたいわゆる"重い"事例は69例（16％）あり，うち60例が不登校であった。

　不登校（40％）に次いで多いのは校内における人間関係の悩み（30％）で，近年これは着実に増加しつつある。いわゆる"いじめ問題"はここに分類されている。さらには，家族問題・親子間葛藤（10％）がその次に続いている。校内に設置された相談機関の特徴は，何といっても生徒の訴えに早期の対処ができることにある。人間関係の悩みや不適応などの問題は，対処が遅ければ不登校状態に発展する可能性が高いが，"教室での居心地が悪い"などの比較的軽い段階で対処できることが，不登校への進展を未

然に防いできたと考えている。毎日1・2時間程度の授業も担当しているので，筆者は教師としての顔も備えている。このことが相談活動に与える影響は，プラス・マイナス両面があると思えるが，担任との連携を取ることにかなり役だっているように感じる。単純に比較することはできないが，筆者の前任地だった外部相談機関（政令市の教育センター）では，不登校高校生の学級復帰率は3割であったが，本校では不登校生徒の復帰率は5割に達している。他校への転入などを含めると7割近くの生徒が学校生活に復帰している。この要因としては，担任との連携が円滑に進められたことが考えられる。不登校生徒が教室へ復帰できるか否かの分かれ目は，復帰当初のデリケートな生徒の心をいかに理解し援助するかにかかっている。そのため，受け入れる担任との連携が欠かせない。

II 相談の実際

不登校の状態像は実に多種多様である。それは，心身の発達状況・性格・家族関係・不登校の発展段階・関係者の登校への関心度など，種々の要素が絡み合っているためであろう。それに応じて援助形態も，多様な方法が柔軟に採られる必要がある。ここでは，相談活動の中心を占める不登校の事例から，順調に相談を進めることができた（という印象の）雪彦の事例と，いつ相談が中断するか判らない不安を抱き続けた美千代の事例を提示して，その背景の違いを考えてみたい。

III 事例1 雪彦

1．事例の概要

雪彦は中学2年生の9月から不登校で，ほとんど自室に引きこもっていた男子生徒（15歳）である。高校に入学して2週間目で，再び不登校状態に陥った。雪彦は「気持ちが大きくならないうちに，高校生になってしまっ

た。もう一度，小学生に戻りたい」と，これまで甘えたこともない母親にすがるようになった。驚いた母親が「母子関係をやり直したい」と考えたのをきっかけとして，父親・母親・雪彦・担任と連携を取ることが可能となり，"比較的順調に相談を進めることができた"という印象の残った事例である。

　休学に踏み切った雪彦は短期間で，母親に甘え，母親との適切な距離を作り，父親を受け入れ，次いでアルバイトに出かけるようになった。まるで幼虫・蛹・成虫という育ちを思わせるような変化であった。すっかり逞しくなって2回目の1年生に復学した雪彦は，本校を卒業した後，大学へ進学した。

　面接回数は，51回（担任連携　5回，母16回，父12回，本人18回）であった。

2．生育歴

　父親（41歳）は病院事務部門の管理者で，母親（40歳）は同じ病院の看護婦。1歳上の姉，3歳下の妹の5人家族。幼少期，職業柄母は夜勤など仕事が忙しくて家にいないことが多かった。1歳頃から保育園へ預けられた。幼い頃から要求したり物をねだることはなかった。保育園では明るくてひょうきんで，先生方の人気者であった。しかし，人に負けたり無視されることに耐えられない弱さがあり，しつこいほど「何で？　どうして？」というこだわりが強かった。物事を順番通りにしか進められないところや，取りかかりの遅いところがあった。

　両親からは医学部へ進んで欲しいと望まれ，期待に応えようとしていた。小学校5年生までは，宿題を済ませると，必ず父親に見せに行った。小学校5・6年頃は，発言も活発で成績も良く，クラス委員長をしていた。24名のクラスで成績は1番であった。しかし，中学2年生の1学期に成績が下がった。この頃雪彦は，「まとまらんクラスなんで，いやなんだ」と気にしていた。中学1年生の夏までは，家族揃って積極的に登山や旅行をし

ており，小5の時は「今年は富士山へ行こう」と，雪彦が計画を立てた。しかし，中学2年の夏は旅行を話題にもしなかった。

中学2年生の9月1日は，登校時刻になっても起きてこなかった。学校から指示されて，この朝は父親が雪彦を学校まで引きずっていった。それ以来，雪彦は，かたくなに父親を避けるようになる。しかし，日曜日になると「パソコンショップへ行こう」などと，平然と父親を誘う時もあった。中学3年生になると，友人の誘いに乗って登校する日もあった。

3．相談経過
Ⅰ期：1回～11回
「中学時代に不登校だった生徒がいる。本人や家族との接触方法について教えてほしい」と，新任の男性担任から相談が持ち込まれた。中学時代のイメージを捨てて，新しい気持ちでがんばろうという雪彦の決意が感じられ，その気持ちを尊重して見守っていくことを提案した。

#3（5月，母親・担任）

4月末に雪彦は連続欠席しており，母親が面接を希望して来室した。色白で小柄な，サッパリした感じの女性である。中学2年生で不登校になった時のエピソードを主に語った。本校入学後の欠席理由については疲労が原因と考えていたようで，中学校時代と比べると通学時間も授業時間も長いようであった。担任も母親と同じ思いをもっていた。そこで，しばらくブレーキング（授業時間を減らす）することにして，その具体的方法について話し合った。

#4（5月，父親）

小柄な父親であったが，日焼けして活動的な印象の男性であった。「中学2年の9月1日の朝は，起きてこなかった。理由は分かっていた。雪彦は全く宿題に手を着けていなかった。『宿題をするとかしないとかは勝手だが，学校には行かなきゃいかん』と言って，強引に学校まで引きずっていった。この日から断絶が始まった。今でも自分を避けている」と，父

子間の緊張感が語られた。

#5（5月，雪彦）

担任が車で迎えに行って，雪彦は登校してきた。

「自分が，学校へ行けなくなったのは，中2の9月中旬で，その時から父親の顔色はハッキリ変わった。欠席していることを友人達がどう思っているかも気になった。」「きのう他校に進んだ先輩と家の近くでバッタリ顔を合わせた。『中学校と高校では，どちらが面白いか』と尋ねられ，思わず高校と答えてしまった。見栄を張りすぎたかな。」

小柄で痩せて表情は幼いが，不思議な透明感と脆さが感じられる雪彦との初対面であった。

#7（5月，父親）

「幼少期から小3頃まで続いた"指吸い"が，中2の後半から再開した。最近，吸い方がさらに激しくなっている。自分とは断絶状態であるので，起床時間に雪彦に声をかけようかどうか迷っている。」

雪彦の対応に父親は自信がなさそうであった。そこで「ご飯ができたよ」など学校に関わりのない中立的な言葉をかけるよう父親に勧めた。指吸いについては，無理に止めないで観察してほしいと伝えた。

#8（5月，母親）

「急速に落ち着いてきた。昨夜などは，犬猿の仲だった妹の宿題を見てやっていた。これまでにはなかったことだ。」

#9（5月，担任）

「欠席が連続しているので，昨夜，自宅へ電話をした。『明日は行く』と雪彦は言っていたのに，今朝になると，風邪で体調が悪く欠席すると連絡をしてきた。明日の朝も誘ってみたいのだが……。」

焦りと不安が担任に感じられた。父母との連携もよく，改善への期待も十分持てたので頻繁に連絡を取ったり電話をかけることで家族や雪彦にあまり圧力をかけないようにしたいと伝えた。

Ⅱ期：12回～28回

#12（5月，母親）

「先日，『僕思うことがあるんだけど……』，『何？』，『ま……いいわ』と何か言いたげな感じの日があった。その日の夜，風呂上がりの私の後についてきて『今日はお母さんと寝よ～っと』と言いながら，父親と自分の間で寝た。幼少期にもなかったことであった。そ～っと手を握ってきた。『僕は知らんうちに大きくなってしまった。気持ちが大きくならないうちに，もう高校生になってしまった。もう一度小学校の頃に戻りたい』と泣いてすがってきた。私には，この子にどう接していいか分からなかった。母親としての自然な態度や行動が分からなかった。母親に甘えた記憶が私にもない。子どもが小さいとき，接し方が分からず，子どもから甘えを向けられることが怖かった。子どもと接触するのが自分は嫌いなんだと思っていた。でもそのことでずっと罪悪感に悩まされていた。できるのなら，私も親と子の関係をやり直したい」と涙を流した。

ここは，退行を阻止しないでむしろ受容していくことが大切な時期であると考えられた。退行の意味や必要性など，肯定的な面を母親に説明した。家庭訪問した治療者に，雪彦は「学校の図書室へ行って水滸伝を読みたい」と希望を語り，その翌日から相談室と学校の図書室にほぼ10回通ってきた。雪彦の相談室・図書室への登校を母親は全く知らなかったらしい。

#17（6月，父親）

「先週の金曜日，雪彦の帰宅が遅く，夜の10時になった。母親の動揺が手に取るように分かった。学校から帰る途中，遅くまで本屋にいて，帰りにラーメンを食べてきたらしい。」

#19（6月，母親）

「雪彦が相談室や学校の図書室に来ていたなんて，全然知らなかった。雪彦は学校の話しを全くしない。学校や，達男（同じクラスで不登校である生徒）のことなどは，全然話題にせず，秘密をもち始めた感じが強い」と不安がった。

#21（6月，父親）

「この間雪彦の帰宅が遅かったときから，女房の不安が高まっている。精神科のドクターに雪彦を診察してもらったけれど，なんともないと言われた。雪彦には，何年かかってもこの学校を卒業してほしいと思っている。」

#23（6月，雪彦）

「達男からは，ずいぶん楽観的な印象を受ける。以前は自分もそうだった。今は父母に申し訳ない気持ちでいっぱいだ。両親が貯めたお金で飯を食っている。学校に行けないのに，と思うと申し訳ない。」

雪彦が相談室へ来た帰りには，学校の近くに住む達男を尋ねていることが判った。

#25（7月，母親）

「子どもが自立の行動を起こしたときの，私の感情表現が淡白過ぎたのかも知れない。長女からは，『もう少し心配してくれてもいいんじゃない？』と言われたことがある。でも先日雪彦の帰宅が遅くなったときは，本当に不安だった。夜の街をやみくもに車で捜し回った。それでも見つからず，帰宅すると雪彦が一足先に帰宅していた。雪彦を胸に抱いて，『ああ，心配したのよ！』と泣いた。私には，初めての体験だった。本人はきょとんとしていた。そう言えば，私も家出をしたことがあるように思う。その時は，たしか母親が探しに来てくれ，やっぱりホッとしたように思う（と涙ぐんだ）。」

#26（7月，母親）

「本棚に，気味の悪いムカデの黒焼きを置いている。たまらなくて，捨てなさいと言うと，『僕の守り神なんだから，捨てるな！』と言って触れさせない。相も変わらず指吸いも続いている。」

この頃，雪彦の欠席日数は進級の限界に近づいていた。進級への期待を残すために，登校・通級を目指して相談を続けるべきか，内面の問題（母子関係）の改善に焦点を移すべきか，筆者は迷っていた。内面の問題に取

りかかるためには，休学に踏み切る必要があると感じていたのである。そこで，雪彦との面接で，休学のしくみや内容について説明しながら，休学を打診してみた。雪彦は，未知の体験である休学を勧められたことに明らかに不安を抱いていたが，通級出来ていない現状を考えて，休学願いを提出することを決意した。

　この話し合いから5日後，雪彦は父親とともに相談室へやってきた。初めて父親と同席した雪彦の表情は，緊張のためにこわばっていた。

Ⅲ期：29回〜33回
　#29（7月，父親）
　「女房は雪彦を避けてきた感じがする。何をするにも女房は私の意見や判断に頼りすぎていた。」
　#30（8月，父親）
　「中旬の暑い5日間，雪彦は弟（雪彦の叔父）のところでとび職のアルバイトをした。緊張と疲労で，帰宅しても食事もできなかった。夏休みに入った直後は中学時代の友人が遊びに来てくれたが，最近はパッタリ来なくなった。9月から学校へ行かなくても良い状態になるのだが，一体どうなるのかと思うと不安になる。家族団らんの機会になると，雪彦だけが避ける。『オッカアは，どこに行ったか？』と女房の所在を頻繁に確認するが，特別に用事があるわけでもないらしい。女房と雪彦の二人だけで旅行をさせてみたいと思っている。私がいないと，家族は食事にも出かけない。何をするにも女房は『お父さんに聞いてから……』としか答えていない。」
「(Th.) お母さんの考え方や意見が見えてこない。ということは，雪彦君にもお母さんが見えていないのかも知れない。これからはお母さんの判断や考えを尊重して，お母さんが動きやすいような配慮をしていただきたい。」
　#31（9月，母親）
　「日曜日，電話が鳴るたびに，『誰から？』と聞きに来る。友人からの電話を待っているのかなと思う。入学直後から盛んに私に接触したがって

きたが，最近それは見られなくなった。『これは秘密なんやけど……』と言いながら話してくれたことも，最近は言わなくなってきた。何か尋ねてもめんどくさそうで，投げやりで生意気な口調で答える。雪彦は幼い頃から要求したりねだることがなかった。それが先日，『小遣いを上げて欲しい。』と言ったので驚いた。『いちいちこちらの判断を仰がずに，自分たちで考えて行動するのもいい。』と最近夫から言われた。」

#32（10月，父親）

「雪彦も一緒に朝食を食べるようになった。茶碗洗いや洗濯物の取り入れ，それに犬の散歩など手伝いをしてくれる。近所の散髪屋さんにも行けるようになった。中学時代の友人にこちらから電話をして出かけていく。母親と図書館に出かけ，本を大量に借りてきた。最初のアルバイトで得たお金は『家族みんなのために使う』と言い張り，使わせない。日曜日，ラーメンを食べに行かないかと誘ったら応じた。最近は家族とほぼ同じ生活リズムになっている。かなり落ち着いてきたようで，妹へのつっかかりもない。落ち着き具合は自分を避けなくなっていることでも判る。指吸いは多少残っている。」

#33（10月，母親）

「以前のようなベタベタした感じはなくなった。6月頃までは，家事を終えたところにそ〜っとやって来て手に触れたり膝に頭を置いたりしていた。あのころは，仕事で遅くなると自分も無性に雪彦のことが気になって胸が痛んだ。雪彦が幼いころや小学・中学時代は，雪彦が寂しがっているだろうなんて気遣う余裕もなかった。自分には生まれて初めての体験だった。最近，雪彦の昼夜逆転が気になってきた。このままの状態がずっと続くのではないかという不安がある。」「（Th.）何かをグチャグチャにしないと，次への大きな変化は期待できない。休学は何かをグチャグチャにできる絶好のチャンスだと思う。」「（母）そういえば，相変わらず家族とは別の部屋でテレビを見ているが，以前と違って父親や家族を避けているのではなくて一人でいることを楽しんでいるように思える。」

Ⅳ期：34回～51回

#34（11月，母親）

「5日間，夫と雪彦が一緒に東京で祭りに参加して売り子に専念した。そして11月からは，懲りたはずのとび職のアルバイトに再び出かけるようになった。朝7時に出かけ，夕方も7時頃に帰宅する。ずいぶん落ち着いて見える。下の娘が投げかけた友人関係の悩みにも応じている。この状態なら，次年度は復学しても良いし仕事についても良いと思う。」

#35（12月，父親）

「11月になると，誘えばついてくるようになった。最近散歩をしていると，『お父さんは僕にどうしてほしいのか』と尋ねてくる。『しばらくこのままの仕事を続けたらいかんのか』とも尋ねる。体力がないのは自覚しているようで，アルバイトに行く前も『月・火，木・金ではいかんのか。学校へ行っていたときも，3日目でダメになった』と語っている。」

#36（12月，母親）

「雪彦は，毎日頑張って行っている。でもアルバイト先の話しを家では一切しない。弟（雪彦の叔父）を経由してしか分からない。仕事仲間は，20歳前後の子が多い。高校を中退した子，シンナー常習だった子，その他たくさんいるらしい。雪彦が朝早く出かけることで，6時半には起きなければならないことが辛い。雪彦に『この仕事，ずっと続けるつもり？』と聞くと，『迷っている。どうしたらいいと思う？』と逆に聞き返された。」

「(Th.) お父さんとお母さんが，雪彦君の前で互いに違う主張をしてみましょうか」と両親スプリットの提案をした。これには，雪彦の心の中にある葛藤を，現実の父親と母親の意見として引き出す狙いがあること，また，父親とは異なる独自の考えが母親にはあることなどを理解させるためのものであると説明した。そして今までの経過を検討した結果，鳶の仕事は辞めて学校へ戻るように主張する方が，母親の意見としては自然であろうということになった。

④ 校内相談室における精神保健の取り組み　77

#37（1月，雪彦）

雪彦とは約6カ月振りの面接である。背丈が伸び髪も長くなって，表情には余裕が感じられた。「バイトは面白い。仕事の内容も人間関係も面白い。でも寒いし怖い。4月からは学校に戻ろうかと思っているが，勉強についていけないのではないかという不安がある。」

#38（1月，母親）

「相談室のことを一切話さない。『どんなことを話したの？』と尋ねたけど，返事はなかった。以前 Th. から勧められた，互いに異なる意見の主張を早速やってみた。『（父）お父さんは，仕事をやってみるのがいいと思うよ』『（母）お母さんは，学校に戻って欲しい』『（姉）私は，仕事を続けて，M高校のような定時制か単位制をやってみてはと思う』雪彦はじっと聞いていたが，反応はなかった。」

#39（1月，父親）

「自己コントロールの力が強くなった。起床も自力でする。親を起こすこともある。11月当初は週4日の出勤だったが，今では週に6日出勤している。仕事から帰った直後，女房が『寒かった？』と声をかけると，『当たり前やろ！　自分たちは暖かいところで仕事をしているくせに！』と，聞かれることを嫌がる。出張のため1週間ほど女房が家を空けていた。ずぶぬれで帰宅した雪彦は，黙々と自分の洗濯をしたり，自分で弁当を作って仕事に出かけた。頭の下がる思いだった（この週は，毎日雪）。」

#40（2月，雪彦）「気持ちが安定している，懐が暖かいから（冗談っぽく）。6時50分に起き，夕方の6時半頃帰宅するという生活が続いているけれど，仕事は本当に辛い。4月からはここへ戻ることにしたい。現場の人に伝えたら，励ましてくれた。中学時代の友人（3人）にも伝えた。」

#42（3月，雪彦）

「体調と気力は回復した。4月からの新しい1年生をやっていけそうな予感は，68.2％ある。勉強のこと，友人のことが不安材料としてあるため，100％にはならない。」

過剰な気負いもなく，比較的自信に満ちた表情であった。

#44（3月，母親）

「4月からのことが不安。相変わらず足の踏み場もない部屋で，部屋の中をさわらせない。空き缶がずらりと並んでいる。カップラーメンの容器を利用して作った作品があるが，それも触れさせない。昨年作ったムカデの黒焼きは，本棚部分にスペースを確保して，空き缶で囲っている。『さわるな！　捨てるな！』と言い張り，やはりお守りの感じがする。」

雪彦は，3月上旬，母親を伴って相談室を訪れ，復学願いを提出した。

#50（4月，母親）

「新しく友人になった1歳下の近所の子と誘い合って，自転車で毎日通っている。」

雪彦について語る母親の表情は落ち着いていた。雪彦が新しい1年生に復学して1週間が経過していた。順調に登校している様子がうかがえ，父親の不安も低下していることが分かり，定期面接の終了を予告した。

#51（5月，母親）

「休学をして本当に良かった。ここで2週間ごとの相談ができて，安心して見守ることができた。母と子の幼少期をやり直す覚悟もできた。Th.との話しを通じて徐々に心の準備ができた。甘えたこともない雪彦が自分を求めてきたとき，驚くほど素直に受け入れられた。」

7月のある日，保護者懇談会を終えて嬉しそうな表情の母親が訪れた。「あんなに私に甘えなかった子が赤ちゃんまで返ったという感じだった。ベタベタと寄ってきて，一緒に添い寝までした。私としても，長女や次女の幼少期にはどんなことをしたのか思い出せたが，雪彦の幼少期の思い出がなく，罪悪感をもっていた。甘えを表現できなかった雪彦が，私に向けて甘えてきたこと，私も雪彦の甘えを受け入れられたことに感動した。気がついたら私の罪悪感も消えていた。この相談室で，退行という現象を理解していなければできないことだった。」

現在の雪彦の登校ぶりに，両親も安心している様子であり，新しい担任も雪彦に対して不安を感じる様子はなかった。この後，雪彦は順調に高校生活を送り，大学へ進学した。

4．考察

高校生年齢にまで達してから，幼少期の発達課題である"母子関係"をやり直すことが，はたしてできるのか。そのような疑問を感じながら進めた事例である。筆者は，これまでにも退行をともなう事例をいくつか経験していた。中には，退行が治療的効果をもたらしたと考えられる事例も数多くある。そこで，この事例ではこれまでよりも一歩踏み込んで，母子が安心して退行できるように働きかけたり条件を整えることで，"治療的効果"を積極的に引き出すことを試みた。雪彦や母親には，甘えることができた・甘えを受け入れることができたという"快感"そのものが"母子関係のやり直し感"につながるであろうと考えたのである。その効果については，「甘えを表現できなかった雪彦が，私に向けて甘えてきたこと，私も雪彦の甘えを受け入れられたことに感動した」という母親の率直な言葉から推し量ることができた。もちろん，実際に幼少期に戻って母子関係をやり直すなどは現実問題としてはあり得ず，できたと感じたのはあくまでもイメージ上の世界における体験と言える。

分離・固体化を進める力が，母子関係の質に関係していることについても触れておきたい。少なくともここ20〜30年間の社会風潮としては，母子関係の熟成を待つというよりも1日でも早い自立を望む傾向が強かったように思う。このような風潮の中で育った若者の中には必定，雪彦のように第二の分離・固体化期に突入できない者が出てくると考えられる。つまり，生育途上でやり残しを感じている者には停滞する場合があると考えられるわけである。このような場面を乗り越えるための効果的な方法を，雪彦の事例は示しているのではないか。

最近，自立期の子どもを「行かないで！」と抱き止めていたいのに，そ

の感情を表現できない親がいる。他方では,「お願いだからずっとここにいて!」という母親の叫び声を背中で聞いて安心して自立していく若者がいる。自立の局面で現れる親と子の感情の駆け引きは複雑多様なようである。雪彦も母親に「ああ,心配したのよ!」と抱きしめられる場面があったが,この場面は,雪彦の自立に少なからぬ影響を与えたのではないか。

IV 事例2 美千代

1. 概要

　美千代は15歳の高校1年生の女の子である。がっちりした体格で,身長は170cm近くある。澄んだ目を向けるが,口元や表情は硬い。三人同胞の第2子,次女として生まれた。父親は中企業の管理責任者,母親も結婚前からの勤めを続けていた。父方祖父母も同居していたが,祖母は美千代が小学6年生の12月に死亡した。父親は"会社人間"で家族との接触は少ない。たまに顔を合わせても,「～しろ」「～すべき」と一方的に指示するばかりである。気が短い母親は,命令口調の父親と衝突して実家に帰ったことが何度もある。子どもたちと連合を組んで,父親に反発したり拒否的態度をとっている。父親は,母親が美千代を突き放さないことが不登校の原因であると考えていた。母親は,父親の家族への応対の仕方が原因であると考えていた。

　相談室での美千代は,ほぼ緘黙に近い状態であり,治療者が面接を続けることに困難が感じられた。父と母は,互いが治療者を味方に付けようとしたり相手を屈服させようとするなど,素直な気持ちで話し合うことに困難さが感じられた。難しい舵取りを強いられ,最後まで薄氷を踏む思いで付き合った事例である。

　面接回数は89回,(担任連携 7回,母41回,父19回,夫婦合同16回,本人2回,両親本人2回,母本人2回)であった。

2. 生育歴と不登校歴

　美千代は，2歳から祖父母とともに寝起きしていた。細やかな心遣いをする祖父が姉の面倒を見たが，美千代の面倒を見ることになったのは祖母であった。幼少期から駄々をこねたり物をねだることのない子であったが，小学校6年生の5月の連休明けに突然登校を拒否した。相談機関で家族療法を受けて多少改善の兆しはあったが，中学へ入学した直後から再び登校しなくなった。入学時期が担当者の転勤と重なり，それを知らずに出かけた美千代は以後の通所を拒否している。美千代のかたくなさに不安を抱いた両親は，病院を尋ねることになる。ところが担当した医師の対応に父親が強い不信感を持ち，これ以降の3年間は相談機関や医療機関を訪れた形跡はない。

　中学1年生の当初から3年生になるまでの2年間は教室に入ることができず，ほとんどの時間を下足置き場や廊下で過ごしていた。2歳年下の弟が中学へ入学した3年生の春，教室へ入るようにはなったもののかたくなな表情や態度で，体育などの実技の授業を拒否していた。近所に一人で買い物に出かけることもなく，自動販売機を利用したこともなかった。中学の段階で母親は美千代の高校進学を諦めていたようであるが，このままでは美千代が死ぬまで自分が面倒を見て行かなくてはならないのではないかと不安を感じ始めていた。進学の際は，母親の勤務先から近いという理由で本校を受験した。

　本校の合格発表直後，中学時代の担任が相談室を訪れた。美千代の高校生活に担任は強い不安を抱いていた。両親にも相談に参加してもらうよう担任を通して依頼した。

3. 働きかけの経過

　両親とともに同席した美千代は，話しかけてもジッと不安そうに目を合わせるだけであった。父親は，入学してからの生活に不安を感じている様

子で,「相談室はいつ来ても受け入れてくれるのか」と尋ねた。

　入学式には参加できたが，翌日からは教室に入ることを拒んだ。相談室の入室さえ抵抗を示すことが多く，毎朝送ってくる母親が「このまま帰ろうか」と尋ねることもあった。しかし，この時は必ず首を横に振って拒否している。相反する考えが交錯して，動きが取れないというのが正直な印象であった。仕事に戻ろうとする母親の袖を掴んで離さず，足をバタバタさせて駄々をこねるしぐさは，幼児を思わせるものがあった。しかし，担任のはからいでまれにはクラスメイトが相談室を訪れ，その誘いに乗って教室へ出かけることもあった。中間考査を受験することもできた。1時間程度なら，毎日通級することも可能と思えたが，現状では高校での進級・卒業は困難であると考えられた。美千代は，自力で相談室から出ることはなく，相談室にいるときも本を読むわけでもなかった。ただ必死で何かに耐えているという印象であり，相談室への登校もプラスになっているとは思えなかった。

　この頃，新しい問題が持ち上がった。母親の身体的・精神的疲労が急増していたのである。母親は渋る美千代を毎朝起こし，服を着せ，時間割をあわせて無理やり車に乗せ，学校に着くと相談室まで引きずってきていた。それから出勤するという毎日だった。厳格な祖父の前では"何事もなく登校している"と思われるように振る舞い，夫からは一方的に指示されたり美千代のことなどでしばしば非難され，母親は報われることがなかったのである。このまま不安や疲労が増大すると，母親が絶望感や無力感に陥ってしまうのではないかと案じられた。

　母親の表情に疲れが見え始め，父親が美千代に無理させているようで気が重いと語ったのをきっかけに，美千代の休学を提案した。休学を検討する前に，2週間の試行期間をもつことにした。すると美千代は，2週間目には，起こさなくても8時頃には起きてくるようになり，朝食後は，教育テレビや料理番組を見ながら粘土細工をしたり，家族のおかずを作るようになった。表情も柔らかくなり，オドオド・ビクビクした印象が少なくなっ

てきた。母親は、「私自身が余裕を持って過ごせた」と、この2週間を振り返り、美千代の表情の変化や粘土細工・ガラス細工などを、内面を拡大する動きとして肯定的に受け止めた。そして、学校のことを考えない期間を作ってみたいという希望が本人から語られ、休学手続きを行うことになった。同居している祖父に、この状況を説明するという難問を抱えることになったが、美千代の手を一生引っ張り続けなくてもよくなるという期待を母親はもてたようである。

4．両親面接の経過

入学以来の2カ月間に、母親とは7回、父親とは3回の個別面接を実施している。父親は「お互いが冷静に話し合える時間を持ちたい」と希望し、母親も「夫婦がこのままの状態ではいけない」と語りながらも、夫婦の接点はもてないままであった。そこで母親は2週に1回、父親は1カ月に1回来室すること、父親の面接日には途中から母親が合流して合同面接にすることを提案し、夫婦は了承した。

初回の合同面接では夫婦が激しく感情をぶつけ合うことになり、このままでは回を重ねるごとに溝が深まる危険性が出てきた。そこで夫婦が直接やり取りをしないで、治療者を相手に話してもらう方法を採ることにした。

母親は、初回の面接で次のように語った。「美千代の休学について夫が胃に説明してくれていない。不満だったが、夫には率直に伝えることができなかった。そのために、遅くに帰宅した夫に対して『料理も洗濯も掃除ももう何もかもがイヤになってしまった！』とぶちまけた。すると、『そんなら出ていけ！』と叫んで、夫は自室に籠もってしまった。」

父親からも報告があった。「『掃除ぐらいしろ！』と言うと、妻が険しい表情で子どもの部屋に駆け上がった。直後に美千代が階下に駆け下りてきて、キッと自分を睨み付けて外に飛び出し、花壇の花をちぎり洗濯物をぶちまけた。美千代の目つきは、まるであんたのせいで怒られたと言わんばかりであった。」

父親は，妻が仕事をもっていることも配慮せず，家事全般への要求度が高すぎるようであった。一方母親は労もねぎらってくれない夫への不満が大きく，美千代と連合を組んで夫を排除する傾向があった。

　これまで長い期間をかけて作り上げられたこのような夫婦関係をほぐすためには，種々の策を試みる必要があった。治療者の提案に応じて，父親は週に1回，早く帰宅する試みを始めていた。しかし，相変わらず妻子の話題には入っていけず，離れたところで独りテレビを見ているだけであった。月に1回，半日の休みを取って相談を続けている父親の負担は大きく，改善の期待が持てなければ相談が中断する怖れがあった。そこで，そのことを率直に母親に伝えてみた。ここでの面接がこれまでの関係を改善できる最後のチャンスになるという予感が母親にもあったようである。

　関係改善の試みを効果的にするためにエゴグラムを実施した。エゴグラムの結果をみながら，母親が父親に希望したいくつかの項目のうち，父親は「～すべき」を「～して欲しい」に言い換えることを選んだ。父親が母親に希望した項目のうちからは，母親は「ありがとう」という言葉を多くすることを選んだ。

　父親の話し方には，「嫁は～すべし」「女は～であるべき」という特徴があった。その言葉を聞くと反発の感情が治療者にも起こることを率直に伝え，母親に勝たねばならない競争心が感じられると指摘した。「夫から話しかけられるといつも緊張して構えてしまう」という母親の気持ちを伝え，その原因の一つがこの辺りにあるのではないかと指摘した。一方，母親の話の仕方にも次のような特徴が感じられた。治療者と話しているときは「んーと，そうですねー」など，和やかな言葉が聞かれるのに，夫が何かを問いかけると「前に言ったガ！」などと短い言葉が飛び出し，強い緊張感を聞き手が感じることを伝えた。

　なかなか足並みの揃わない合同面接であったが，7回（7カ月）を過ぎるころから，ギクシャクした感じがようやく薄れてきた。相手の立場を思いやる「ちょっと言い過ぎたかな」や，お互いを許す言葉として「ま，い

いか」などの語りが聞かれるようになり，家の中でも妻から夫に返されていた突き刺さるような言葉もなくなってきたようであった。そこで10回目の合同面接で美千代の復学について，検討することにした。

5．父親との検討

(治療者)「お父さんとお母さんが，復学して欲しい，学校にはもどらないで欲しいと，それぞれべつべつの主張をしていただきたい。狙いは美千代さんの中にある葛藤を心の外側に引き出すことにある。お父さんの意見に従う，お母さんの意見に従うという形ではあるが，判断の責任は，あくまでも本人にあることを明確にして進められるようにしてほしい。」

(父)「今までの流れからは，自分が復学に，家内は家にいることを主張することになる。しかし，このままではずっと家にいることになりそうで，そうなると今までと変わりがない。自分も祖父も家内を責める形になって，今まで長く繰り返してきたパターンと同じになってしまう。」

(治療者)「出発点を変えてみてはいかがか？ お母さんが復学を，お父さんが家にいることを，美千代さんも『何で？』といぶかしがる分，今までにないものを期待できるかも知れない。」

(父)「それは面白い。たとえ4月から美千代が動かなくても，家内は責められることがない。祖父とも同じ意見だし，祖父からも攻撃されない。しかし，当然，家内は家にいる方を主張すると思うので，そこがまた問題だ。」

6．夫婦合同での検討

(治療者)「お父さんとお母さんは，復学について異なる意見を出していただきたい。今回は，異なる意見を堂々と出し合うということに意味がある。」

(父)「復学か，家にいる方か，どちらを主張するか決めておきたい。」

(母)「当然，家にいる方だ。今までの自分の主張とも矛盾していない。」

(父)「でもそれでは今までの流れと変わらない。つまり変化の可能性が

ない。」
（母）「逆を取れということか……，それは良いかも知れない。」
（治療者）「突然主張を変えると不自然になることがある。自分の立場や自分の主張の利点をいくつかまとめておくとやりやすい。」
（母）「それはいい。是非やってみたい。」
（父）「それでは早速実行してみたい。」

　復学の話し合いは，予定通り実行され，両親のやり取りを聞いていた美千代は，「今の学校にはもどらない」と表明し，2日後には「単位制高校を受験したい」と希望を口にした。経過を報告する母親の表情は明るく，これまでとは違って積極的であった。「生まれて初めて，高速道路を運転した。美千代を乗せて長女のところまで行った。ものすごく緊張した。でも気持ちはウキウキだった。」「（復学について親子で話し合った時）いつもとちがう立場が，かえって新鮮だった。演じ切れたという感じで不思議だった」などと述懐した。
　美千代は，単位制高校の受験では苦手だった面接も受け，合格した。合格発表の帰りには，今までに買い物もしたことのない美千代が，一人で靴屋に入って靴を買った。最近ではJRを利用して自力で通学している。学校に向ける拒否的感情が薄くなったのか，道草（休学）も良かったように思うと母親に語ったという。父親も，5年ぶりで普通の生活ができると嬉しそうに語った。この後も，両親の希望で，月2回の母親面接と月1回の両親合同面接を約6カ月間継続した。美千代の新しい高校への登校に不安がなくなった11月末，父親が経過を振り返る手紙を持参したのを契機に面接を終結した。

7．考　察

　幼少期から物をねだったり駄々をこねたりしなかったということから，母子関係の希薄さがうかがえた。祖母が美千代の面倒を見ることになった

ときから，母親は不安を感じていたという。小学5年生で抜毛が見られたときにこの不安は大きく膨らみ，6年生で不登校になったとき現実のものとなってしまったと語った。美千代の面倒を見ることができなかったという大きな罪障感が母親にはあり，不登校が始まってからは車で美千代の送迎をするようになる。またトラブルの絶えなかった父親（夫）が，祖母の死をきっかけにしてさらに高圧的な態度を示し，母親は父親への反発をさらに強めていく。

　ついに母親は，父親とは別室で美千代と共に眠ることになる。父親は母子連合の枠外にはじき出され，母親が美千代を情緒的に取り込む構造になったと考えられる。中学入学後も美千代が自力で登校することはなく，母親が毎日送迎していた。しかも，美千代は集団生活には全く参加せず友人もできず，自主的な行動は何もしない状態であった。このままでは美千代の手を一生引っ張り続けねばならぬのかという不安が母親に湧き上がってきた。その一方で高校生活に対しては，環境が大きく変化するのをきっかけにして登校してくれるのではないかという期待も抱いていた。

　母親の期待に反して，入学後の美千代には自主的な動きは全くあらわれなかった。「行かなければならない」対「行きたくない」という相反する感情に引き裂かれて，さらに身動きがとれなくなったと思われる。Th.が提案した休学という言葉に対して両親は少なからず不安を感じていたものの，「これまでにやったことのない方法でやるしかない」という言葉に大きく動かされたという。

　そんな美千代の表情や行動に変化が見られたのは，「学校へ行かなくてよい」状況を与えられたすぐ後であった。南蛮漬けやハンバーグ，そして粘土細工をしながら生き生きした表情を取り戻していく美千代を見て，真っ先に安心したのは母親であった。ここで密着状態であった母親と美千代は，適切な距離が取れるようになったと考えられる。休学中，美千代は，自宅から出ることはなかったが，情緒の安定が向上するに従って内面世界を築く作業に取り組んだと考えている。

8. 夫婦合同面接について

　顔を会わせれば感情を激しくぶつけ合う夫婦の合同面接では，筆者自身も板挟みの苦しさと強い緊張感を体験した。これはまさに美千代が家庭の中で体験してきた状況であろうと思われた。衝突による面接の中断を防ぐために夫婦が直接対話することを避け，それぞれが治療者に対して考え方や感じ方を別途語るという方法を採った。それによって溝を深めることを防げたと思える。同席しながらでも相手の話を聞くことは，気づかなかった誤解に気づき，相手への理解を深める機会になった。

　長い期間かかって作り上げられた夫婦間の"かたくなさ"をほぐすために，合同面接の大半の時間を費やしてきた。これが後半の「ちょっと言い過ぎたかな」や「ま，いいか」などの許し合う感情につながっていったと思える。夫婦連合が可能になったことを確認してスプリットを提案したが，これは夫婦にとっては新しい役割の試みであり，美千代に対しては自分の意見を主張できる母親像を提示することになった。合同面接に際して筆者が一貫して心がけたことは，筆者自身の感情を父母に対してどれだけ率直に語り得るかということであった。

V　おわりに

　相談室で出会う生徒の背景について，少し振り返ってみたい。本校における相談内容の比率については始めに述べた。中でも，重い不登校に分類された事例の背景には，前エディプス期におけるつまずきがひそんでいると考えられた。
つまり，母子関係やさらにその基盤となる両親の夫婦関係に問題を抱えていると推察される。雪彦の事例は前エディプス期の問題であろうが，母子関係に課題の中心があったと思えるし，美千代の事例では，前エディプス期が成立する以前の夫婦関係に問題の中心を抱えていたと考えている。こ

の背景の違いが，"順調さ"と"薄氷を踏む思い"の違いを生みだしたのであろう。

　同世代・同年齢の中にいて，自分をどう表出しどう制御するかに戸惑いを抱く生徒は，確実に増加している。先の分類では，人間関係の不調や不振ということになるが，この問題の背景には，"社会化"つまりエディプス期の未解決の課題が隠されていると思える。それも，教師や大人に反抗するという"比較的完成度の高い？"ものから，同世代に馴染めないなどという"未成熟？"なものへと移行していると感じられる。

　最後に，両親が直面している課題をライフサイクルの観点から理解してゆくことが，青年期カウンセリングにおいて大変有用であることを指摘しておきたい。つまり，子どもたちが青年期にさしかかるとき，それは親が人生の半ばを過ぎた中年期を迎えることを意味する。子どもたちが大人になる前の種々の不安を抱えているのと時を同じくして家庭では両親が人生の折り返し点を迎え，人生への不満やあきらめ，そして健康や老後の不安を感じつつある。特に，本稿にあげた事例のように慢性化した青年期の問題に取り組むときに，その子が抱く問題に直接焦点を当てるよりも，むしろ生活する場を支えている親側の問題と取り組むのが，改善への近道となることがある。親の中年期課題を理解し，不安定になっている両親を支えることで，子どもたちが本来もっている力を発揮して，思春期の問題を解決していくことができるようになる。中年期の親の精神保健を守ることが，結果として青年期の問題を解決したり予防することになるという視点を心にとどめておきたい。

参考文献
1) 小此木啓吾他編 (1985)「精神分析セミナーⅤ」発達とライフサイクルの観点. 岩崎学術出版社.
2) 清水將之編 (1981) 青年期の精神科臨床. 金剛出版.
3) 清水將之 (1996) 思春期のこころ. NHK出版.
4) 高橋哲郎 (1988) 子どもの心と精神病理. 岩崎学術出版社.

5）土居健郎（1961）精神療法と精神分析．金子書房．
6）フォーリー・V（藤縄昭他訳）（1984）家族療法．創元社．
7）細田憲一・上地安昭（1991）青年期不安神経症の時間制限心理療法．精神療法 17；53-59．

編者コメント

不登校の多様性と個別性

井上　洋一

　8年間にわたる校内相談室活動の経験からの報告である。本報告は，文部省が学校にカウンセラーを導入する以前からの，校内相談室のカウンセリング活動であり，学校カウンセリングの先駆的な活動の記録でもある。まず，数字によって校内相談室の実態が明らかにされている。生徒数2000人を抱える大規模な高等学校で，年間の相談件数は33名から94名であった。そのうち不登校は，ほぼ40％であるという。数の多さから言っても，学校へ来ることができず，学校生活そのものが不成立という事態の深刻さから言っても，不登校は相談室の最も重要な課題となっている。

　相談室が校内にあり，カウンセラーが学校にいることのメリットとして，細田氏は第一に，担任とのコミュニケーションの取りやすさをあげている。細田氏は授業も担当し，教師としての立場ももっていた。生徒に関する詳しい情報を交換することができるので，不登校生徒が学校へ復帰し始めたデリケートな時期に，細かいケアを行うことが可能であった。この時期を乗り越えるための，担任とカウンセラーの息の合った連携作業をスムーズに行うことができた。

　教師と生徒との間の調整役を勤めるカウンセラーが，教師の仲間として扱われることは，相談活動にどのような影響を与えるのだろうか。細田氏はプラス・マイナス両面があると書いている。確かに，教員に近い分だけ，生徒との距離が開くのではないかとの疑問が生じる。授業をもたない中立的な立場のカウンセラーに比べると，細田氏は生徒の目から見ると，多分に教師寄りに位置づけられたのであろうか。しかし，そのことが必ずしもカウンセリング業務に支障をきたすとは言えない。生徒に近い養護教諭が，

生徒との仲立ちの役を果たしてくれることもあるだろうし，多少の垣根があったとしても，それを乗り越えて，生徒の信頼を勝ち得ることは十分に可能である。

　不登校の事例が二つ提示された。一つは，順調に相談を進めることができた事例，二つ目は，相談の継続に不安を感じた事例である。

　1例目は2年生の男子雪彦の事例である。雪彦は高校入学して間もない時期に不登校状態に陥った。雪彦の不登校の経過は，一般的な不登校とは異なった展開を見せた。通常の不登校の場合，生徒が自分の不登校を自分なりに意義付けることはできない。彼らは学校へ行かなければいけないという気持ちと，学校へ行けないという感情との葛藤に悩む。葛藤が表に現れず，現状を無批判に受け入れた態度を見せる事例もある。いずれにせよ，不登校の理由を明確に述べることはできないし，問われても分からないと言う。カウンセリングがスタートする時点で不登校の意味が明確にされることは通常ではないといってよい。

　ところが雪彦の場合は，本人が最初から明確な意思表示を行った。雪彦の気持ちの流れを尊重し，その中で先の展望を探していくという方針が立てられた。雪彦の不登校への対応に大きく迷うことはなかった。

　雪彦は不登校の意味を自分なりに把握し，表現した。自分で問題を認識し，それを他者に向かって表現することができた。「気持ちが大きくならないうちに，高校生になってしまった。もう一度，小学生に戻りたい」と雪彦は自分の気持ちを説明した。もう一度，小学生に戻ってやり直したいという雪彦の希望に母親は応えた。甘えてすがる雪彦を母親は受け入れようと努めた。雪彦のメッセージは周囲に理解され，これに応える体制が周囲に出来上がった。

　成長のためのステップとして一時的に退行が生じることがある。この退行が成長のために必要な退行であると判断されたなら，周囲は退行を受け入れて，本人が成長へ転じるのを待つことが必要である。そのような方針

を採用した場合には，退行を非難したり，早く退行から抜け出すようにと迫ったりすることは一切行わず，本人なりのペースを見守っていく必要がある。しかし退行状態が続くと，家族は不安を感じ，動揺する。将来への不安をもった家族が退行を否定的に見るようになると，生徒本人も動揺し，退行を通して成長を図る方策は不成功に終る。

　この間，カウンセラーは，家族の不安や動揺に耳を傾け相談にのる役割を求められる。カウンセラーは，家族を支えることによって間接的に生徒本人を支える役割を果たしている。退行の意義を確認し，退行からの成長を成功させるための環境を保っていくために，カウンセラーは家族に働きかける必要があった。退行が十分に受け入れられて，母親との関係が修復された雪彦は，やがてアルバイトを始めた。父親への反発，自己主張，そして自立へと雪彦は進んでいった。自分の意思でアルバイトをやり通した後，1年後に雪彦は復学した。

　カウンセラーの役割は雪彦の歩みを見守り，家族に適切なアドバイスを与えることであった。今後の進路について雪彦が迷ったとき，両親が異なった意見を主張するように細田氏はアドバイスし，雪彦の決断を助けた。雪彦の自己探求の旅は不登校で始まり，復学で幕を閉じた。本事例の特徴は，母子関係の再構築が，初めから大きなテーマとなっていたことである。退行を見守ろうとの方針を決めるのは容易であったとしても，退行現象をうまく受け入れることは必ずしも容易ではない。退行を経て治療的成果を得るためには，それなりの配慮が必要である。細田氏という水先案内人を得て，雪彦とその家族は，通るべき道筋を順調に進んでいった。専門家のアドバイスによって無用な混乱を避け，家族は迷いながらも対処することができた。本人が何らかの意図や方向性をもっているときには，たとえそれが遠回りに見えても，まずはそれを生かす対応を試みるべきであることをこの事例は示している。

　事例2は高校1年生女子美千代の事例である。相談室で両親は対立し，

美千代は緘黙に近い状態であった。対立，拒絶，不信などはカウンセリングを妨げる大きな壁である。細田氏は「難しい舵取りを強いられ，最後まで薄氷を踏む思いで付き合う」ことになった。小学校6年時，最初の不登校が起こった。中学入学後2年間は，教室に入れず，廊下などですごしたという。雪彦の事例とは異なり，美千代は自分が抱えている問題を言葉として表現することはなかった。美千代の抱える問題は，教室への参加を拒否する行動として現れていた。教室を避けて誰もいない廊下で過ごしていた時，美千代は何を思っていたのだろうか。コミュニケーションを成立させる相手はそこにいなかった。自分の周りに壁を作って人を近づけず，他者に向かって自己表現をすることがない彼女の心境は推し量ることができない。しかし，彼女は他者を全面的に拒絶していたわけではなかった。潜在的には他者への関心をもっていたことが，行為の中に示されていた。教室へ入れない状況であるにも関わらず，美千代は登校を続けていた。他の生徒とコミュニケーションはとれなくても，美千代は学校とのつながりまでは断ち切ってはいなかった。そこには，学校に関与しようとする美千代の意思を見て取ることができるのではないだろうか。

　最初，美千代は細田氏に対しても口を閉ざして，コミュニケーションを取ろうとはしなかった。両親は互いに怒りをぶつけ合った。両親のコミュニケーション不足，行き違いから深い溝が家庭内にできていた。家庭の険悪な雰囲気は美千代の自己表現を阻んでいた。美千代に語ってもらうためには，まず美千代が負わされた重圧を取り除いてやらねばならなかった。細田氏が試みたのは両親の溝に橋を架けることであった。それは決して容易なことではなかった。両親の関係を観察し，両親の関係の具体的な特徴を探りだしていった。両親の間にある問題を把握した後に，具体的な対策を両親と一緒に考えていった。冷静な観察眼をもち，両親との信頼関係を形成した細田氏は，両親の動機をうまく汲み上げながら，歩み寄りが可能な具体的道筋を提示していった。7カ月を経て両親の足並みが揃い始め，ギクシャクとした感じが薄れてきた。両親の関係が対立から共存へとシフ

トしていく動きの中で，美千代自身の閉じこめられていた自己が表現され解放されていった。両親の関係を改善しようとするアプローチが成果を上げ，美千代は自分の進路を自分で決め，新しい学校生活を開始した。

　この二つの対照的な事例は不登校の回復過程の多様性と個別性をわれわれに示している。カウンセラーは生徒の家族背景に目を向け，広い視野をもって生徒の個別性や家族の個別性を尊重し生かそうとする。細田氏のカウンセラーとしての専門性が問題解決に大きく貢献している。

5

女子中学生との学校カウンセリング過程
――呼び声に応えて――

三船 直子

I はじめに

　1995年に「スクールカウンセラー活用調査研究委託事業」が始められた。初年度，都道府県の公立の小学校もしくは中学校，各3校に，1名ずつ臨床心理士が派遣された。これまでも，私立学校にはスクールカウンセラーを配置している学校もあったが，公立の学校に配置されるのは画期的な試みであった。

　スクールカウンセラーの派遣期間は2年間。週8時間勤務。4時間で2日もしくは8時間1日という勤務形態である。

　当初，学校もスクールカウンセラー（以下SCと略記）も手探りの活動が始まった。

　SCが学校にいるのは上述のようにわずかな時間である。SC活動でまず重要と思われたのは，カウンセリングルーム（以下ルームと略記）ではないかと考えた。そこで筆者はルームを学校の中にある「外でもない，内でもない空間」と意味づけ，誰でもいつでも利用できる空間創りを模索していった。SCはいわばこの空間の「番人」でもある。

　ルームを利用する子どもたちはしばしば同時にやってきて，お互い譲り

合ったり，同じ空間のなかで各々の時を過ごした。様々なドラマが繰り広げられた。そこでは時間を決めたカウンセリングも行えるし，プレイルームの働きも必要だった。また，生徒たちや教職員がふっと立ち寄り，休んでいくような空間でもあってほしかった。それまで，生徒と教師の面談は，職員室か生徒指導室だったが，ゆったりと周囲を気にせず対話できる空間としてルームを使ってもらえたようだ。

　さらにSCの仕事はルーム内に留まらない。学校内にいる誰とでも，いつでもどこでも，声がかかり，心理臨床的な役に立てるかぎり，階段の踊り場でも，校庭の片隅でも，ちょっとしたコンサルテーションの機会と心得た。

　SCの活動は，派遣先の学校のもつ文化，地域的特性，環境，子どもが属している学年の先生方の教育方針等々にしたがって，そのアプローチの仕方が大きく変わる。派遣された学校のニーズによって，臨機応変な対応や動きを求められる。いずれの場合でも，子どもが発している症状や問題行動と呼ばれているものの意味を，子どもとの対話を重ねつつ明らかにし，子ども自身へ，また子どもにとって重要な大人へ，翻訳すること。そして子どもがいる環境を受け入れ，その変化に即応し，ときには積極的に働きかけ，子どもと，子どもにとって重要な大人，友人をつないでいくこと，黒子として「結びの作業」に徹することがその役目と考えた。

II　事例提示にあたって

　SC活動で出会った事例について書くことは，「事例：スクールカウンセラーM」ということである。もちろんこの姿勢はあらゆるケース検討においても，一面の真実である。事例が「このクライエント（以下clと略記）とこのセラピスト（以下Th略記）との一度かぎりの出会いの記録」であり，Thである報告者は客観的なレポーターにはなれないので，「ケースA」のその背後には必ず「ケースTh. M」がある。

初めてSCとして中学に入り，本ケースと同様な少年，少女たちに出会った。悩みや苦しみ，問題は様々であったが，彼らは一様に「寒々としたからだ」をしていた。どうも，そのからだが子どもとかかわる私たちを呼んでいたように思える。何も映し出していないようなうつろな瞳や，敵意をこめた，憎しみの瞳に出会い，拒絶されるのだが，そのからだは何かを求め，私たちを呼んでいる。本ケースはこのような子どもたちの中の一人である。事例を提示し，SCの動きを振り返りつつ，「寒々しいからだをもつ子ども」とのSCとしてのかかわりについて考えたいと思う。

本事例はプライバシー保護のため，ケースの流れや本質に関係ない部分は大幅に変更を加えている。もし変更した項目が別の誰かに酷似していたとしても，それはまったく他人の空似であり，関係ないことをまず，記しておく。

SCとしての活動は，子どもとSC二人だけのかかわりではなく，むしろどのように子どもを抱える環境を厚くしていくかが，課題となる。そこで，子どもと複数でかかわることになる。誰がどこでどのように思い，かかわり，動いたのかを示したいと考える。やや記載は煩雑になるかもしれないが，あえて時間軸に沿った形で示したい。

Ⅲ 会うまで

Aは中学1年，女子。両親の別居に伴い，1年生の後半に転校してくる（父親が家を出，母親と兄弟は家に留まり，Aは母方の祖父母宅に引き取られる）。Aは人を寄せ付けない独特の雰囲気があり，クラスから浮いているようだった。当初から担任のZ先生は，Aをさりげなくフォローし，学校やクラスに溶け込めるよう配慮をした。しかしAはなじまなかった。しばしば教室から離れる，遅刻，欠席しがちだった。SCはZ先生より対応について，相談を受けていた。そこで，まずは遅刻や欠席の背後にあるAの生活や気持ちについてゆっくりと理解していく方向を提案し，折々の

Aをめぐって Z 先生との対話を始めた。学校は，管理上の問題を憂慮しながらも，基本的には子どもに対する柔軟な構えを保っていた。SCはZ先生や生活指導のY先生と，Aとどのようなコンタクトを持てばいいか，話し合いを重ねた。SCは担任がAとの「窓」（山中1978）を見つけられれば，と二人の関係を見守っていた。

Aの態度は投げやりで，なかなか指導に応じない状態が続く。家族とのいさかいが原因で荒れていたBやCとともに，逸脱行為が徐々にエスカレートしていく。担任は，指導の中でさりげなくカウンセリングルームを紹介し（「自分も色々話するだけでも楽しいし，すっきりするというのがわかったよ」と自己体験を話し，「相談事がなくても一度行ってみるといい，おもしろい人がいるよ」という誘い方をしてくださった），少し気持ちが動いたのか，AとB，Cは5．6回3人で連れ立って来室した。B，Cが積極的に家族のことを話し，AもB，Cのために，苦境を説明した。Aにも関心を示しながら，BやCの話にSCは耳を傾けた。その様子をAは遠巻きに観察していたように思う。やがて三人は来なくなり，B，Cは元の友人たちの輪に溶け込んでいった。B，Cには親への愚痴や非難がストレートに言葉にできる健康さが感じられた。Aはこの間終始，非常に寂しげにしていたのが印象に残っている。

IV カウンセリングルームに来る

AとZ先生とはAが拾ってきた子猫を「窓」に，やわらかいつながりができていった。春休みには，Aの求めに応じて，Z先生は子猫を見に行ったり，病院へ連れて行ったり。そういうかかわりの中で，Aは転校の経緯を少しずつ話し始めていた。

学年がかわって，Aの担任はT先生となる。Aはほとんど登校せず，また来ても授業は受けず，Z先生と話すか，トイレにこもる，昼食時，トイレでパンを食べる，担任に告げずに帰宅する等が続いた。学校にはAの居

場所はない状態に思われた。

　ここで当時のルームの様子を少し述べておく。前年度より，保健室登校をしていた女子生徒がルーム登校という形に移行していた。また保護者数名と定期的に相談を行っていた。他，数名の不登校生徒と非行怠学状態の男子生徒も気軽にルームに顔を出すようになっていた。常に生徒や保護者，先生方がいるという状態になっていた。

　はじめAは，相談室に人の気配があると，きびすを返してしまうようだった。Z先生より，「今日，Aはルームに行ったでしょう。SCに会いにきたと言っていた」と聞かされ，開放時でさえAは顔を覗かせることもできないことを知る。と同時に来談しようというAの気持ちを知り，以後，個人の相談は別として，ルームを開放しているときはなるべく，入り口の気配が感じられる場所に，SCがいるように心がけた。やがてAが訪室する機会をとらえることができた。

V　出会い

　5月：2カ月前に会ったAよりさらに痩せて，寒々とした雰囲気を漂わせていた。Z先生よりSCも猫（名前レイン）を飼っていることを知って，猫がAとSCの「窓」にもなる。第3回目面接には，Aは「飼い猫は思いっきり，噛んだりするけど，野良猫はちょっとしか噛まないんだよ」と話した。＜遠慮するのかな？＞「思いっきり噛んだら，ひどい目に合わされるから」＜猫がご飯くれる人を噛むのは甘えているからなのにね＞「こわいねん」＜こわいねんなぁ，びくびくしてるねんなぁ＞「気をつかうねん」＜後ろに下がってしまうん？＞「また捨てられるねん」＜猫がかわいくて，いっしょにいたくて，それでご飯あげるのになぁ。ゴンゴン食べている姿はいいもん＞「……」「ゴンゴンって」とやっと笑顔を見せ，かすかに笑う。「ほんとにお腹へってる猫はそんな感じや」＜ゴンゴン食べたら噛みにくるんや，安心するから＞こんな会話が続いた。

6月：徐々にルームに安心して来るようになる。登校はほぼ，SCが来る日に限られている。いつも「レインは元気？」と言って入室してくる。当時Aは遠方にある母親と弟たちが暮らすマンションにいることが多かった。制服や教科書は学区内にある祖父母の家に置く。祖母との折り合いが悪く，子猫を拾ったことを契機に自宅に戻る。「おかあさんは家にいるのに反対で，ご飯の用意してくれない」とぽつぽつと現状も語られる（第5～7回）。登校に支障のある事情が明らかになっていった。身の回りの物も分散していた。両親の離婚問題のうえに，居所も定まらないばらばらなこの状況は，Aにとってどれほどの不安な状況だろうか。SCがこの話を学校の誰に話せるか尋ねるとZ先生ならと答えた。担任や生指の先生も助けになること，みんなで考えていこう，と提案してみたが拒否される（第8回）。もちろん提案が受け入れられるとは考えていなかった。苦しい事情を話すことは，Aにとっては「噛みつく」ことを意味する。容易に話すことはできないAの思いを大切にして，時を待つ。担任のT先生がAの拒否的な態度について，SCに相談に来た。T先生，Z先生と対話の輪がひろがる。

VI　つなぐこと

やがてAはルームにミニコンポを持参し，好きなアーティストの音楽テープをSCと一緒に聞いたり，数冊のロック雑誌を，宝物としてSCに預けた。預かった物の扱いについて尋ねると，雑誌はSCだけ，ミニコンポは他の人も使っていい，とのことだった。大切に使うことを約束する（#9）。Z先生より，Aから事情を聞いたことが報告された。Z先生はクラスに2名不登校生徒を抱え，他でもSCとのかかわりも深かった。自らを「挫折もなく，淡々と暮らしてきて，きっちりした性格」と内省され，「厳しい環境にある子どもの気持ちがわからないのではないか」と自省されていたが，控えめで相手の気持ちをじっくり聞くZ先生の姿勢は子どもたちに，

ずいぶん安心感を与えていることをSCは伝え，支持していた。

　当時すでに，校長，生活指導のY先生，養護教諭，不登校児および困難が生じている生徒を受け持つ担任教諭とで「SC活用チーム」というゆるやかなチームをつくり，保健室登校の生徒を中心に，SCの基本的な姿勢を伝えつつ，随時話し合い，連携できる体制ができていた。AについてもZ先生が一人で抱え込むのではなく，学校全体として抱え，Aの状況をサポートしていくためのつなぎの作業を模索していった。

　この時点で，Aの前校からの情報や，これまでのかかわりから，まとめると以下のことを活用チームで確かめていった。①母親とコンタクトをとるのは難しいこと。②母子関係は悪く，生活の基盤を失いつつあること。③寄る辺のなさをサブカルチャーグループ（特に年長の男性）に求め，友人B，Cがついていけないような交際が繰り広げられていること。④夜間はほとんど自宅にいることがなく，この行動がますます母子間の溝を深くしていること。⑤Aは自己評価が低く，自己主張ができず，見捨てられ不安が強い。だから表面的には感情を押し殺したクールな対応をし，安易なかかわりを拒否するので，先生方もかかわりが持ちにくい感じを抱きやすいこと。⑥知的能力も高く，独特な鋭敏な感覚の持ち主であること。⑦まだすっかり，自暴自棄になっていないこと。⑧両親の今後の成り行きによっては，Aは再度転校する可能性があること。

　Aの心理的な状態をSCは心因性の一時的な混乱とは思えない感触を持っていたが，この点に配慮しつつも，環境を整えることを第一目標に考えることとした。

　まずはAとZ先生の関係を中心に——SC—T先生，他の先生方——学校という「容れ物」の拡大をはかり，幾重もの柔らかい円環を作り出すことを模索した。また進路や通学問題（実質的には越境）については校長の配慮を仰いだ。これらの円環をAが安心して使えるような配慮，たとえばX先生と話をしたらZ先生に見捨てられるのではないか，というような，Aが感じるであろう不安を受け止めつつ「結節点」としての役割をSCが

果たすこと。さらに学校への安心感が出来上がった時点で，T先生を通して保護者とのコンタクトも考えた。

まずはAとZ先生のつながりを見守り，Z先生をサポートするため，各教科担当の先生方に，Aの様子や対応への配慮をY先生，T先生を通して伝えた。

7月：職員室でのAへの先生方の対応が徐々に変化し，柔らかい声かけが行われるようになる。期末テストを受けるよう，先生方から勧められたことを，Aより聞いた（第10回）。転校して初めて，得意とする2教科の期末試験を自ら希望して受けた。このことは学校に対するAの不信感，見捨てられ感を少し和らげるのに役立ったと思われる。登校するAの姿を見て，何人かの先生方が声かけをされ，問われる前に，Z先生やSCの動向を伝えるようになる。これは他の先生方がAとZ先生やSCとの関係を見守っていることを言外に伝え，遠慮しながらZ先生やSCを求めなくてよい感じを伝えることになった。夏休み前にはAが職員室に笑顔で入室する姿も見られる（第11回）。しかし家では，母親との関係が厳しくなり，「お母さんは弟たちを大事にするけど，私と一緒の家に居たくない，出て行けと言われる。そうかと思ったら，分け隔てして育てたことはないとか，皆かわいいとか言う」「死にたい，生きていても仕方がない」「一緒に死んでくれるという男性がいる」と言う。夏休みを前にして不安が募っているところが察せられた（第12回）。

夏休みを前にZ先生，T先生，生活指導Y先生，SCで夏休み中の連絡網を考えた。電話でのかかわりも含め，結びかけている細い糸を夏休みにも維持していきたかった。Z先生はこれまで同様，いつでも自宅に電話をしてきてよいことをAに伝えた。SCは8月には研修や講演などで，学校では1回しか会えない。功罪を思案の上，週に一度，時間を決め，電話でのカウンセリングを提案した。緊急時には生指のY先生を中心に，適宜，学校としての対応を考えることとした。

8月：食事もろくにとっていない状態が続く。無理に食べると吐くなど

身体症状もでている。体の様子を聞く。母親と弟たちが楽しく話している のを見て，腹が立ち押入れを殴って手首を捻挫する。無数のリストカット の傷を見つけ，SCは胸を突かれた。拾った猫は十数匹におよび，生まれ て直ぐに死んでしまった猫の話や，殺された猫の様子やら，生き抜くこと の難しさを猫に託して語る。お互い猫の引っ掻き傷を見せ合いながら＜ど んなに悪さをしても引っ掻いても，噛みついてもレインなりの感じがある らしくて，そう思うと怒る気になれない＞「思っていること言ってもいい の」＜伝えてみないとわからないことあるし，それがうまく通じないこと もあるけど，レインは諦めないみたいよ，とってもしつこい，あれやこれ やの手を使うよ＞笑う（第14回）。次回電話（第15回電話）では，「Ｚ先生 かSCなら母親と話してもいい」と母親にＡの現状を知らせることを委ね てくる。Ｔ先生に承諾を得て，Ｚ先生が母親に連絡を試みるが，連絡は取 れない。その後，祖父母宅に訪れた伯母が学校に来談し，急遽SCが会う。 母親とは親戚も連絡が取れず，母親は一人で抱え込み，悩んでいるようだっ た。夏休みの間，しばらくＡはこの伯母宅で過ごす。

　8月後半，Ｚ先生より「Ａから，いま家出をしている，と連絡があり， SCと話したいと言っている」と連絡が夜中にSC宅にあった。Ａの携帯へ 電話をする。「お母さんがな，私のこと嫌いやったら，私，出ていく。売 春しても生活できるし，お父さんも引き取るなら弟たちがいいみたい。お られへん」「私が出て行くのが一番いいねん」と闇の中から哀しい決意が 響いてくる。小１時間ほど話していくうちに落ち着く。＜今からどうする つもり＞「ここで野宿」＜それは反対，家がどんなに嫌でも辛くても，い ま，そこがあなたの居場所。そこにいる権利がある＞一人で帰れると言う。 明け方，Ｚ先生を通し帰宅したことが知らされる。翌日，Ｚ先生は担任に 相談し，家庭訪問。あらかじめ告げてあった時間には母親は不在。Ａとベ ランダで猫たちの世話を手伝い，キャットフードを買いに出かけたりしつ つ，母親を待つが会えず，連絡を請う旨のメモを残して帰る。（第16回電 話）：「髪を染めたら，また出て行けと言われた。猫も捨ててこいと言われ

る。お母さんは先生には会わない。また遅刻や欠席のこと責められるからいややと言う。ちゃんと生活できないなら出て行け，としか言わない。早く学校に行きたい」「Z先生，来てくれたけど，お母さんいなくて，悪いことした」＜Z先生もSCもきっとレインみたい（にしつこいよ）＞「学校始まったら，行くつもり」「高校行きたくなった。塾も行きたいと言ったけど，いかなくてもいいと言われた」

9月：新学期，登校は思うに任せなかった。Z先生が引き続き，母親とのコンタクトを模索する中，SCも学会で不在のときに，再びAが家出をした。今回は見知らぬ男性に誘われるままにP市まで来た，ということだった。夜半に，怖くなりZ先生に電話。Z先生から連絡を受けたY先生から，SCの宿泊先に連絡があった。対応を話し合い，Y，Z先生が，帰宅を促す。自宅にも連絡したがコンタクトがとれず，所在地を確かめて，Y先生が迎えに行く。途中，人気のない駅に一人いるAを見かねたタクシー運転手に送ってもらい，Y先生が自宅前で待機，無事帰宅（携帯電話が役立った）。ここで，Y先生がAを包む円環に登場する。後にAは「Y先生が電話してきたときは，びっくりした。叱られたけど，見たとき少しほっとした」と父性的なかかわりを体験したようだった。しかしZ先生には疲労の色が濃かった。自分のクラスもあるのに，Aにかかりっきりになっていることへの罪悪感が強まる。一学期後半のAの変化に先生方は喜んだ。夏休みの家出で，Z先生とAとの絆は強くなった感があった。SCは「行きつ戻りつ」することをZ先生と語り合った。

10月：やっと母親と連絡がつき，担任のT先生とZ先生が対応。先生方の受容的な態度に，母親は離婚に関し決心がつかず，その上，Aが反抗的で学校へも行かず困惑していること，父親がAを引き取ってもよいと言っていることなど，言葉少なに話されて帰られた，とのことだった。その後，母親は校区外だが学校にやや近いアパートを借りて，2，3日Aと二人で過ごす。Aからの電話では母親と一緒に暮らしたいが，母親は弟たちのことばかり気にすることが寂しげに語られた（第23回電話）。結局，転校を

嫌がる長男に負けて,母親は元の家に戻り,Aはアパートに一人残される。Aは祖父母から生活費をもらい,母の元には戻らず,アパートと祖父母宅を行き来する生活になる。登校はできず,SCが来る日に学校に電話をしてくる。(第25回電話):「私ってほっといても大丈夫な奴や」「すごく私のことを大事に思ってくれる友達がいて,そういう人いるのが幸せ」。(第26回電話):「私が頑張ろうとすると壊れていく,ずっと昔からいつもお母さんはそうや」＜私たちはあきらめないよ,希望あるとか,必ずうまくいくとか,そんな一時的な慰めは言えない。でもあきらめないよ＞「……」「レイン……」とつぶやく。第27回電話では,進学にからんで出席日数を気にする発言があったので,かねてからY先生,校長と検討をすすめていた適応指導教室のことを話してみる。関心を示してくれる。

11月:学校には来れないが,昼過ぎ頃には必ずSCに電話。(第28回電話)SCが話題にしていないのに,適応指導教室へ行くことを渋る一方で,こと細かに道順などを尋ねる。申し込み方法などを伝える(電話29回)。母親のメモ帳にZ先生の電話番号を見つけ,「Z先生とはもう話したくない」と激昂。「猫の飼い主が別の犬や猫を触ったら,その猫は怒るやろ,知らんところで触ってもにおい分かる」母親と先生方が会ったときのことをたどりつつ,Z先生が母親との話をAに伝え,Z先生の気持ちも話したことを確かめていった。＜Z先生とお母さんは二人とも大事な人なのに,二人が勝手に話して,あなたを置いてきぼりにしたらと思ったら怖いね,腹立つね＞その後,しばらくZ先生とは話さなかった。第30回では,久しぶりに登校する。Z先生に気持ちを話せるかどうかについて,ゆっくりAの気持ちを聞いていく。その後,母親と勝手に連絡を取らない,とZ先生と約束をした。Aにとっては大切な人に腹を立てても,見捨てられないという体験となった。SCは適応指導教室の案内を送る。

12月:学校に来たいという気持ちの高まりと行けないことの狭間で葛藤が頂点に達する。

(第31回電話):母親に適応指導教室のことを話し,パンフも見せた。

「一緒に行かないといけない,行ってくれるか分からない」第32回電話では,不安定な現状が語られる。母親は昼間,眠っているAの様子を見に来る。もしくは弟たちを夜アパートに連れ帰り,翌朝学校に送る,という日々。「夜,電気を消すと怖いものが見える,電気をつけて隣の部屋で寝ると叱られる」「突然,お父さんが帰ってくる気がする,下駄箱のところにお父さんが立っている」という感覚に捉えられることが話された。「私,頭がおかしくなっている」＜学校に行きたいのに行けないこと,とても苦しいと思う＞（行かない,と反抗していたときには意識できなかった,行きたい,行かなければという気持ちと行けないことへの罪悪感からの苦しみに思われた）話していくうちに和らぐ。（第33回電話）：前回の状態を聞く。T先生からの連絡を受けて母親がアパートにしばらくいる。「お母さんは自分の聞きたいことに答えないと怒る。考えていると,何も言わない,と責める。話すというのと違うのかわかった。SCと話しているのと違う」すっと退行して「男の子がな,やけになって死んだりするな,と言ってくれる,うれしい」（電話の声を聞きながら,本当に細い糸でかろうじてつながっている感じになって,心細い）＜Z先生もT先生もY先生も校長も,適応指導教室の準備をしている,まだなしになっていない。行きたくなったらいつでも行ける。お母さんにも協力してもらおう＞「何しても何にもなれへんで」＜何かなるためにやるのは重いなぁ。行ってもピンとこないかもしれない,そのときにまた考えてみよう＞2学期も終わるころ,母親から担任に連絡があり,校長が手配し,Aと母親は,適応指導教室へ予備相談に行き,申し込みを終えた（第34回電話）。

　1月：ぽつぽつと適応指導教室に通う。様子を電話で話してくれる。おもしろくない,と文句が言える（第35回電話）。2カ月ぶりに登校。両親は離婚。父親はAに一緒に暮らそうと言う（第36回）。母親は,本人の希望どおり,学校と適応教室に通わせたい,と連絡してくる。一人暮らしに近い状況は続いている。登校したときには,T先生と音楽室でピアノを弾いたり,Z先生と話したり,校長室で話しをして過ごした。ルームでは,

音楽を聴いたり，友達の話を聞いて，ゆったり過ごした（第37～39回）。適応指導教室の先生の話では，一人で書き物をしていたり，セラピストと話して過ごす。他の生徒との交流はないが落ち着いた様子であるとのことだった。

2月，3月：表情は非常に柔らかく，穏やかになったが，寒々しい身体の感じは変わらない。高校進学について具体的に考えるようになる。「友達が高校はでないといけない，と言ってくれる。自分が中退しているから」＜その言葉は重みあるね＞「女子高に行きたい。お父さんは一緒に住むなら行かせてやる，と言う」ようやく，現在の生活にそれなりのリズムができ，落ち着きはじめている。しかし父親の言葉に迷う。背景には母親の事情ととりわけ母親との関係がしっくりいかないことが潜んでもいる。「いつも私が頑張ろうとしたら壊れる」という言葉が思い出された。SCも辛かった（第40～41回）。

3月末で，SCは一応，当中学校での派遣任期が終了する。新学期からのことなど「SC活用チーム」で検討する。Z先生が再び，Aの担任となる。SCは同校区内の小学校に派遣が決まる。小学校長，当中学校長を交えての話し合いで，中学で継続中の生徒が小学校（生徒にとっては母校のひとつにあたる）のルームにカウンセリングに来ること，SCが随時，中学校に出張することが許可され，小中の連携も含めた活動を考えることになった。

4月：休みがちだが，AはSCが来校するときにはルームに，他日は保健室に出入りするようになる。新着任されたベテランの養護教諭のS先生との交流が始まる。不安定な今の生活形態から，経済的にも安定した父親との生活を望む思いもある。しかし，友人たちと容易に交流できなくなること，父の再婚相手とやっていけるか，など迷いは尽きない（第43～45回）。そのころSCは依然として，Aの身体の感じになんとも言えない違和感を抱いていた。Aにも，体の調子を注意深くたずねていた。なにか不調があったらS先生に相談することを勧めた。S先生にもAのことを報告。

5月：祖父母の転居が急に決まり，Aは父親に引き取られ，転校となる。

第46回では転校については多くは語られなかった。思わぬ別れにSCも言葉がない。Z先生や養護教諭の勧めもあり，修学旅行に参加して転校する。修学旅行先で，S先生に不調を相談し，病院を紹介される。母親に伴われ受診。転校後も遠方ではあるが通院して完治している。主治医は思春期の子どもの診療に慣れた方であった。Aにも同科にいる臨床心理技術者を紹介されたが，Aは行かなかったようである。

転校後，Aは数回来校した。転校先ではぽつぽつながら，登校しているとのことだった。退屈な田舎と評していたが，太ったよう。Z先生，Y先生，S先生，校長と話す相手はたくさんいて，職員室からAを囲む笑い声が聞こえた。ここがAの母校という感じがした。転校先の学校からは友人もできている様子が知らされた。

Ⅶ 考察にかえて

Aの生育歴などはほとんど分からない。SCとしての仕事は，常に「いま，ここ」の勝負の積み重ねだった。筆者が経験した精神科でのカウンセリングや現在携わっている開業での心理治療のように，構造化したインテークやアセスメントはない。常に次の回は約束されていないことを痛感している。

各々の時にAとかかわった先生方の果たした役割について考察したい。

1. Aのなかの猫

Aはだれも近寄らせない，安易に手を出せば，引っ掻くぞ，という風情の少女だった。小柄だが年齢よりもはるかに年上に見えた。そういう意志の強そうな顔と，なにをやってももう手遅れ，誰も自分のことなど気にかけてはくれない，という寄る辺ない心細い顔をもっていた。時折，強烈に衝動的な言動がみられた。そして薄笑いを浮かべて，今にもさよなら，と

言い出しそうな感じだった。

　来たくて来た場所（学校）ではなかった。同級生が幼稚に見える，と言う一方で，皆が自分のことを白い目で見る，と怯えてもいた。背後には家庭の崩壊があった。父親は家族を捨てた形であり，母親も深く傷ついていた。おそらく以前より関係が希薄だった母娘はこの事態に相手への反発を強めていった。Aの不登校が母親にとっては無言の責めのようにも感じられただろう。家族的な後ろ盾もあまり期待できないAとかかわることは非常に難しいと思われた。安易なかかわりが見捨てられの再現になるかもしれなかったからだ。周りを拒絶し，身を引いて孤立することで，傷にかさぶたが張るのを待っているのかもしれない。しかしと同時に，Aは目立つ逸脱行為をもって，誰かを呼んでいた。先生は自分の行動を単なるルール違反として罰し，ありきたりの説教と叱責で終わらせるのか，Aを見捨ててきた大人と同様に振舞うのか，学校に見捨てられる前に，見捨てた方がよいか，と試していたのかもしれない。いや試すほどに，Aは学校や大人にもはや期待していなかったのかもしれない。しかし，Z先生にはその呼び声が聞こえた。

　捨て猫にAは自分自身の姿を重ねていた。Z先生もそう感じる。春休みの二人の交流は非常に自然なものだった。Z先生は何かのために行ったのではない。Aをクラスや学校になじませるためだとか，Aとゆっくり話をするよい機会だとか，とかく大人がとりがちな操作的な意図がなかった。SCは双方から話を聞いていて，拾った仔猫がいかにかわいいか，どのように育っているか，夢中になっている二人が，拾ったいのちを前にして，同じ方向，同じ目の高さで，そのいのちを愛でているように感じた。

　新学期になってT先生がAの担任として現れた。冷ややかな猫のごとく，身を翻すAに対して，T先生は深追いしなかった。いわば「かかわらない」という関係をもった。これは無視するとか，関心を持たないという意味ではない。不用意な介入を控えて，背景に退くというかかわりようであった。T先生が「AのことはZ先生に任せっぱなしで，ほとんど話もできない，

いいのだろうか」と相談に来られたとき，SCは上記のようなかかわり方であることを示唆した。T先生の距離をおいたかかわりは，AとZ先生，AとSCの関係を深める「容れもの」のような作用をした。

2．猫という「からだ」

　出会いから折々AとSCの間で話された猫は関係の「窓」の役目を果たしたが，それ以上に，言語化できない身体感覚を担っていた。Aの猫への執着は大変なものだった。どんどん増えていくAの猫，まさに猫ばかのSCと飼い猫レイン。Aはレインと同一化し，SCに愛でまわされ，母猫になって仔猫たちを心配し，捨て猫になって拗ね，恨み，噛みつき，威嚇し，引っ掻き，心地よく撫でられ，丸くなって眠る。守り育てる者と守られ育てられるものという一方方向の関係ではなく，守られ育てられるものが，守り育てる者を，実は守り育てている。猫の様子を語りながら，2匹の猫がそこにいるような感じがあった。隙あらば，鋭い爪で引っ掻かれるような緊張感も背後にあった。食事をとるように，と言葉を尽くして勧めるより，仔猫がどのようにミルクを飲むか，どのキャットフードをどのように食べるか，そういう様子を話していくうちに，Aは空腹感を感じるようになり，「お腹がすいた」と，SCと昼食をとるようになっていった。後には，箱庭こそ置くことはしなかったが，砂に触れるようになり，寒い放課後，ルームが暗くなるのも気づかず，二人で砂を触りながら話をした。からだが内側からぽかぽかと温まった。猫の話はお互いに，言葉が物事を分類し，分析し，明確化していく本来の働きとは逆に，身体的な感触や感覚を賦活していったように思われる。ちょうど描画や粘土，箱庭といった非言語的なイメージ療法が，心身に与えるのと同様の作用だろう。

　猫を抱き上げたときのその重み，またはどうしようもない軽さ，あたたかさ，やわらかさ。糞尿で汚れていくベランダ，そのにおい。ミルクを求めてうごめく生命，餌に群がるあさましい姿，あっけなく死んでしまって転がる骸。これらすべてが，身体感覚を閉じ込めてしまっていたAに，リ

ストカットと同様に，生の実感を感じさせていったのではないか。しかし感覚や感情がよみがえってくることは，ある環境の中ではむしろかえって苦しみを増すことになる。環境に対して耐えたり，働きかけたりする自我の成長をはかりながらでなければ，むしろかさぶたをはがすことになる。

　さらに猫とAのかかわりの意味を別な角度からみておこう。猫に話しかけるか，友人との長電話以外，ほとんど口をきかず，食事もしない反抗的なAの態度に，母親は憎しみすら感じていたかもしれない。母親にとって，Aと猫たちのかかわりが不快であればあるほど，Aと猫のかかわりは意味深い。それは母親と弟たちの関係を再演しているようでもある。弟がどんなわがままを言っても，散らかしても母親は怒らない，とAは話していた。弟たちにするように自分にもしてほしい，いまそれが一番必要なときだ，という気持ちのあらわれでもあった。求めているものを得る代わりに，求めているものを猫に与えて，猫と同一化してそれを味わっていた。また母親への抗議かもしれない。母親に対する怒りを母親に投げ入れて，母親を怒らせることによってはじめてAは怒ることができる。このようなこころの動きがAの話から浮き彫りになった。しかし当時の母親にはこのようなAを受け止めるゆとりはおそらくなかった。

3．変　化

　7月以降，先生方の対応の変化に伴って，Aの変化もめざましかった。しかし相手の対応にすっと合わせてくるAの一面のようにも感じられ，Aが思っているであろう，かりそめの関係がかりそめで終わらないように，と思うと，SCは単純には喜べなかった。

　8月と9月の家出は各々意味が異なっていた。8月のそれは母親と喧嘩し，かっとなって飛び出した助けをSCに求めてきたものと思われた。9月の家出はかなり危険なことをしている。この間，両親の間で苦しむAにZ先生も奔走されていた。AのZ先生への依存が頂点に達してのアクティングアウトではないか，と考え，Y先生から連絡を受けたこともあり，Y

先生に登場してもらうことになった。厳しく叱り，迎えに行く父親と心配して待つ母親という擬似家族をAは体験する。この後，Aはアパートに引きこもり始める。将来のことが語られ始め，将来が視野の中に入ってきて，初めて抑うつ的な構えができていった。ベランダの猫たちも成長して解放された。9月の家出はひとつの分岐点となった。母性的かかわりが安定を，父性的かかわりが時間軸をAにもたらしたように感じられた。そして，かねてから準備していた適応指導教室——新しい場所での体験への準備段階に入っていった。当時，適応指導教室には数名の当校生徒が通っていた。緩やかなカリキュラムがあり，参加に関しては子どもに任されていた。同世代の子どもと集っても，離れて一人のときを過ごしても，ここにいるという感じが保証される場所のように思われた。

　12月に入って，直接に人と接する機会がなくなる中，エネルギーは内向し，登校したい—出来ない，という葛藤，両親の離婚問題の葛藤から，一時不穏な状態になる。友人，SCへの電話でかろうじて支えられている状態だった。心療内科への紹介を含めて様子を見たが，母親がアパートに居ることで幻視のような状態はおさまった。環境は十全ではなかったが，巣ごもりという感があった。危機的な状況をかろうじて潜り抜けて，適応指導教室へつながっていく。離婚も成立し，不安定ながらもやっと新しい状況に対する準備が整っていった。女子高に行きたいという夢も素直に言えるAがいた。

4．別れとはじまり

　新年度になって，定期的にSCが中学校にかかわれなくなった後，Aは養護教諭との交流を自ら求めていく力も出てきた。A自身のなかに，Aの居場所が出来上がっていった感がある。しかし母親との関係は修復できなかった。高校進学を約束する父親の元へ行くことになる。修学旅行では，Z先生，S先生とおおいに楽しんだようだ。「子どもっぽい表情をしていた」とZ先生から聞いた。そしてAは身体の不調を相談し，医療につながっ

ていく。やっと「はじまり」の地点にたったように思えた。からだを大切に診てもらう体験をした。思春期の子どもたちは自我の成長，自己同一性の獲得の道につくために，自分のからだに出会っていく。大人の心とからだがうまれる胎動のなかで，自分の言葉を獲得していくために，自分のからだ——身体性と深くかかわる必要があると思われる。問題がいかなるものであれ，熱いからだを前にしていると，どこかこちらがそのエネルギーに引っ張られ，動いていける安心感があるが，寒々とした子どもたちのからだはひんやりとどこまでも拒絶的である。しかし，そのからだが私たちを呼ぶように思われる。胸を突かれる痛みのように。Aは徐々に自分の言葉をもち，周りにその言葉を発し，受け入れられる体験を重ねていった。

5. 補足

SCとして，Aの母親と直接かかわることはできなかった。Z先生やT先生と，この状況で母親が感じているであろう罪悪感，無力感について話しあうにとどまった。とにかく，自分の子どもを不幸にしようと意識的に思う親はいない。子どもの側にだけに立って親とかかわることは，かえって子どもの状況を危うくすることもある。先生と親が対立して，一番苦しむのは子ども自身である。先生方もその点，母親の辛さに共感し，かかわる際にずいぶん配慮された。母親の方にも複雑な問題があった。

Ⅷ　おわりにかえて——呼ぶ声

AとZ先生の出会いは双方にとって非常に意味深いものだった。この二人のように，子どもの「呼ぶ声」を耳にし，子どもと深い関係を生きられた先生と数多くSCとして出会っていった。谷川俊太郎の詩に「階段の上の子供」という一篇がある。

その一節に

かいだんのうえのこどもはたったひとり
それなのになまえがない
だからきみはよぶことができない
きみはただよばれるだけだ

とある。子どもに呼ばれた先生と子どもの関係は，どこか通常の先生と生徒の感じを越えているので，周りも問題じゃないか，というような目を向ける。先生は孤立していく。しかしこういう出会いには子どもも大人も大きく変わる転機の出会いであることがおおいように思われる。だからこそ危険もはらんでいる。先生は集団指導と個人的な深いかかわりのあいだで葛藤する。教えることと人間的な関係をもつことのあいだでたじろぐ。罪悪感を抱き，周囲の無理解に苦しんで揺れ動く。こんなとき，一人で抱えないように，というアドバイスもときには有効である。しかし閉じこもっている子どもに，もっと外に出るようにと言うのと同様に不毛なような感じがある。閉じこもりそのものにも意味があるから。そしてすでに同僚からも指摘され，孤立している場合がおおいから。できれば両者の関係に開かれた他者がそばにいて，折々の思いに耳を傾けることは，勢い孤立しがちな関係にとって外への通路となる。それが同僚であってもSCであってもよいと思う。ふと肩の力が抜ける。そこから，角度のことなった工夫が生まれてくるかもしれない。

　先生方もときに行き過ぎることもある。それはカウンセラーとて同じことである。自らの逆転移で身動きならなくなり，行き詰まる。そしてやがて気づかされていく。なんとか危機をしのいでいく。そこから新たな理解と展開が生じてくる。

　スクールカウンセラーとその制度が，子どもや学校とともに歩んでいく道はいまだ始まったばかりである。その有効性を疑問視する声もある。スクールカウンセラーを活用してもらうためには，たえず，その利用者である子どもたちや学校，保護者のこえに耳を傾けていくほかないのではない

か，そう考えている。

参考文献
1) 山中康裕（1978）少年のこころ．中央公論社．
2) 河合隼雄（1997）子どもと悪．岩波書店．
3) 谷川俊太郎（1995）クレーの絵本　「階段の上の子供」．講談社．
4) 三船直子「大阪府C市でのスクールカウンセリング報告」(125-133)，倉光修編（1998）臨床心理士のスクールカウンセリング2．誠信書房．
5) 三船直子「スクールカウンセリング」(162—170)，氏原寛・成田善弘編（2000）臨床心理学3コミュニティー心理学とリエゾンコサルテーション，培風館．

編者コメント

生徒を包む多重の輪

井上　洋一

　三船氏は，学校カウンセリングの第一世代に当たるカウンセラーである。学校カウンセリングのスタートは，学校カウンセリングとは何かという問いについて考えることから始まった。手探りのなかから，三船氏は学校カウンセリングの生き生きとしたイメージを描き出した。
「学校カウンセリング活用調査研究委託事業」は，学校側もスクールカウンセラー側も手探りの状態で始まった。三船氏はまず空間創りというイメージからスタートした。この空間は単なる居場所ではなく，学校カウンセリングを象徴する空間である。スクールカウンセラーは空間の番人であり，空間が癒しの力をもつ。主役は空間であるという発想であった。その空間には，カウンセリングだけでなく，プレイがあり，生徒同志の出会いがある。人だけでなく，場が提供される。場はただの物理空間ではなく，そこにスクールカウンセラーが居ることによって創りだされる抱擁の場である。この抱擁の場はスクールカウンセラーと共に学校内を移動する。階段の踊り場や校庭の片隅で，投げかけられた感情を受け止め，あるいは自己開示を促す安心感のある場である。三船氏の豊かな発想により，学校カウンセリングは抱擁の場としてイメージされた。
　事例は生徒Ａとカウンセラー Mとを描いていると著者は述べる。カウンセラーもまた，ケースの中に登場する人物として見るその視線は，冷静であり，カウンセリングの限界をわきまえた落ち着いた視線でもある。三船氏の視線は生徒の身体にも向けられる。Ａが「寒々しいからだ」をもっていることに三船氏は注目した。生徒の言葉だけでなく，表情，そして全体から受ける感覚の中にまず，問題を捉えようとした。言葉は時に明瞭に問

題の本質を明らかにするが，ときには実態を伴わない論理だけで展開していく。言葉が言葉の上のことだけに過ぎないのか，それとも相手の身体や感情に根差した内容を語っているのか，それを見分けていく作業は容易ではない。カウンセラーも言葉の論理に引きずられて，それに気づかないことがある。そんな時，言葉が達した結論がそれで正しいのかどうか，的確に判断することが求められる。そのとき頼りになるのは論理ではなく，カウンセラーの中に一貫してある感覚ではないだろうか。たとえばそれは生徒の表情であり，身体である。そして生徒の全体から受ける感覚である。

　症例Ａは中学１年で転校してきた。Ａは最初から周囲に馴染まなかった。Ａの両親は離婚し，Ａは母親と離れて祖父母宅で暮らすという状況に置かれていた。担任のＺ先生は，Ａが周囲に馴染まないことに早くから気づいていた。Ｚ先生はさりげなくフォローしていた。担任の配慮にもかかわらず，Ａは周囲に融け込むことができなかった。遅刻，欠席が始まり，Ｚ先生はスクールカウンセラーに相談を持ちかけた。それと同時にＺ先生は，Ａにカウンセリングルームに行ってみるように勧めた。Ａは数回顔を出した。２年になり担任が変わった。Ａはカウンセリングルームを覗きに来るようになる。猫の話題を窓口にして，スクールカウンセラーとの交流が始まった。

　校内にスクールカウンセラーがいなかったとしたら，担任のＺ先生は一人でＡの問題を抱えなければならなかった。Ａにどう対処すればよいのか，強く介入していくべきなのか，Ａが拒否的な態度をとったり反発したときにはどう対応すればよいのか，そっとしておくべきなのか，その具体的な方針を一人で決めなければならない。カウンセリングの経験がない教師の場合，その負担は非常に大きい。スクールカウンセラーの存在は担任教諭の負担を軽くし，担任に気持ちのゆとりを与える。相談相手が後ろに控えていて，いざとなれば指示を仰ぐことができる。自分の手に負えない事態になったときには何とかしてくれるという安心感がある。対応に悩む担任

教諭を同じ立場に立って励まし支えてくれるスクールカウンセラーは，担任の精神衛生に大きく貢献する。

　三船氏の学校では，校内で，校長，生活指導，養護教諭，担任教諭からなる「スクールカウンセラー活用チーム」が作られていた。Aについてもスクールカウンセラー活用チームで相談が行われた。メンタルヘルス活動において，チームが果たす役割は大きい。チームのバックアップを得て，Aを支援する役割が，担任教師の孤立した作業ではなくなる。担任が一人で悩み，他の職員は他人事のように見ている状況は，二者関係そのものにマイナスの影響を与える。無関心や批判は，二人を周囲から切り離し，孤立させる結果になる。逆に，周囲が二人の直面する問題を理解し，支持するならば，二者が抱える問題は周囲から浮き上がらず，孤立感や疎外感をもつ必要はなくなる。Aに問題生徒というレッテルを貼って，Aを批判的に眺める場合と，学校全体がAに対して理解を示して援助の手を差し伸べようとする場合との違いは明らかである。

　Aと担任の問題は学校全体の問題であるとの認識でまとまり，学校全体で抱えてサポートすることが決定された。担任教師には力強い支えになったはずである。他の先生たちのAへの対応が徐々に変化していった。直接関係をもっていない他の教師も，Aに対してサポーティブな態度をとるようになった。Aは学校の教師全体の公認を得て，Z先生やスクールカウンセラーに相談を受けることができるようになった。

　学校全体が，生徒のメンタルヘルスに取り組む雰囲気をもつことは，なによりも重要である。三船氏が創ろうとする「抱擁の空間」が，カウンセラー個人の考えに留まっているとき，その空間の包容力には限界がある。「抱擁の空間」が学校全体に広がったときに，それは大きな力を発揮する。

　学校での支援体制は着々と整えられていった。しかし，家庭での母親との関係はさらに難しくなっていった。リストカット，家出とAの行動化が続いた。学校側は母親に連絡を取ろうと努力した。ここで，問題の根源である家庭内の問題に介入せざるを得ない状況に直面することになった。両

親が離婚し，家庭は分解していた。学校はAに居場所と話し相手を提供し，Aの精神的安定を支えていた。Aは登校しては担任やスクールカウンセラーと話をし，校長室，音楽室，カウンセリングルーム等が彼女の居場所になった。三船氏は子猫の話題を「窓」にして寒々しい身体のAを柔らかく包もうとした。学校との関係は発展し，学校はA個人の大きな支えへと変身している。他の生徒との関係がもてないAに，教師とスクールカウンセラーが寄り添っていた。Aの転校でケースは終了した。

　Aは学校から多くの支えを得ることができた。この事例は，学校カウンセリングが生徒に対してどこまでの支援を行うことができるのか，その可能性を示す一例と言えるのではないだろうか。一人の生徒のために，多くの関係者が支援の手を差し伸べている。担任，スクールカウンセラー，養護教諭，生徒指導の教諭，そして他の教師たちにまで支援の輪が広がっている。

　教育は本来全人的なかかわりであり，学校は全人的な触れ合いの場である。そのような考え方からスクールカウンセリングが学校に導入され，その結果Aの事例のように，一人の生徒のために多くの力が注がれる体制が整ってきた。しかし，行動化が激しく，家族背景にも多くの問題を抱えた病態水準の重い症例の場合，学校で行う対応には限界がある。重い症例では医療や福祉施設の力を借りることを前提にした対応が必要になる。

　Aの事例には，生徒と担任との出会いがあり，カウンセラーの経験と力量があり，学校全体の支援体制があった。何重にも生徒を取り囲む援助の輪があり，学校としての手厚い対応が行われた。カウンセラーという専門家が加わることによって，学校は重い悩みを抱える生徒の問題に，より適切な対応をしていく力をもつことができるようになった。

6

学校との連携により，卒業が可能になった分裂病の一例

水田　一郎

I　はじめに

　思春期・青年期に見られる精神障害のうち，分裂病は，有病率こそ1％弱とそれほど多くないものの，学校生活を含む患者の社会生活に深刻な影響を及ぼすだけでなく，適切な対応を怠ると後々に深い生活の傷を残してしまうことがある点で，精神障害の中でも最も注意しなければならない疾患と考えられる。また，患者やその症状はいろいろな形で周囲の人達を悩ませることが多い。特に，学校現場では患者の特異な行動や症状への対応に頭を痛めることがしばしばある。

　これらのことから，分裂病は学校カウンセリングの中でも重要な位置を占める疾患と考えられる。本章では，中学2年頃に発症したとみられる分裂病で，高校1年の時に当科を受診し，その後紆余曲折を経ながらも，最終的には学校との連携がうまく功を奏し，卒業に至った症例を紹介し，学校と医療の連携が治療に果たした役割を検討する。

　分裂病は（1）主として青年期に発し，（2）しばしば進行性または推進性に経過し，（3）しばしば人格の統合性に特有の欠陥を残すか，時には人格の荒廃状態に至る疾患である。症状は複雑多岐にわたるが，大きく陽性症状と陰性症状に分けられる。陽性症状とは，普通，健康人に存在しない

はずの心的状態が存在するもので，幻覚（幻聴）や妄想などがある。これに対して陰性症状は，普通，健康人に備わっているはずの心理的機能の欠如と捉えられる症状で，感情の平板化（感情の細やかな動きが減少し，周囲との人間的交流が損なわれること），意欲・自発性欠如，無快楽症（行動や反応の結果として喜びや快感が得られない状態）などがある。

症状とは別に，対人接触に際して特有の障害（姿勢のかたさ，不自然なぎこちなさ，表情の少なさ，心の通じにくさなど）が認められることが多く，これを（治療者が患者に対して抱く）プレコックス感と呼んでいる。さらに，自分が病気であるという自覚（病識）に乏しいことも多い。

本症例では，陽性症状として幻聴，妄想，陰性症状として感情の平板化，意欲・自発性欠如，無快楽症などが認められた。また，プレコックス感も治療の中でしだいにはっきりしていった。病識が乏しいため，しばしば服薬を拒否することがあった。経過は，陽性症状に関しては軽快，増悪を繰り返しながらもしだいに改善へと向かったが，陰性症状に関してはあまり顕著な改善を見ないままに終った。しかし，"しばしば進行性または推進性に"進みがちな経過をある程度食い止めることができたのは，学校・医療の連携や，学校側の一貫した受け入れが功を奏したことによると考えられた。

II　症　例

約5年にわたる治療経過を，便宜上，5期に分けて述べる。

1．第1期（〜X年6月）——当院初診まで

（症例）明子。初診時16歳の高校1年生。

（現病歴）中学2年頃より，周囲の人，特に同年齢の人達から嫌われたり，変な目で見られていると感じるようになった（被害妄想）。「死ね」とか「リンチするぞ」とか「ぶりっ子」といった悪口が聞こえるようになっ

た(幻聴)。母の作った料理を「汚い」と言って食べなくなった。外出するのが怖くなった。

このような症状をもちながらも,中学時代には学校は休まず,教師から特に問題を指摘されることもなかった。しかし,高校入学後に症状が悪化し,イライラして母に怒鳴ったり,ブラシで壁を叩いたりするようになった。周りの人達から変な目で見られている感じや,学校で悪口を言われている感じが強まり,怖くて自宅から出られなくなった。6月に入り,1週間続けて学校を欠席した。自宅でも2週間も入浴せず,歯も磨かない状態となった。このままでは高校を卒業できなくなると心配した祖母に連れられて,当科を受診した。

(家族歴)一人っ子。父,母,母方祖母との四人暮らし。

(既往歴)難産であった他には,特記すべき事項はない。

(小括)幻聴・妄想などの陽性症状が顕著であり,登校できなくなったのも症状に由来するものと思われた。入浴しないのも「覗かれている」という妄想によると考えられた。

幻聴や妄想に対して距離を置くこと(自分の感覚や思考が間違っている可能性を認めること)ができず,病識は欠如していると考えられた。陰性症状やプレコックス感はあまり目立たなかった。ただし,入浴せず,歯も磨かなくなったのが陰性症状の初期状態であった可能性は否定できない。母の料理を食べなかったり,母に怒鳴りつけたりしたのは,分裂病の症状と言うよりも親子関係の問題として捉えられる側面が強かったと思われる。

2.第2期(X年6月〜X+1年1月)——通院中断まで

初診時(X年6月)より,抗精神病薬を投与した。約2週間で症状はやや軽快し,明子自身はこのことを「前よりしんどくなくなった」という言葉で表現した。しかし,自分が通常の高校生としての生活を維持できていないことへの自覚(病識)は乏しく,周囲から変な目で見られたり,悪口を言われているのは間違いないという主張は変わらず,不登校状態も続い

た。

　7月に入ると症状はさらに改善した。「前よりは学校に行く気になってきた。でもまだ，何か言われるのではないかと少し怖い。今も，町を歩いていると何か言われる。暇だから昼まで寝ている」と述べた。母も「最近大分良くなった。でもまだ歯を磨かない。（状態は）中学校の頃が一番ひどかった」と評価した。8月にも症状の改善は続き，幻聴や被害妄想はほぼ消失した。友達の家に泊まったり，外出もできるようになった。9月に学校に戻る気になって登校し始めたが，3日ほどでまた登校できなくなった。その理由として「勉強ができない。字を書くのが嫌だし，読むのも嫌。何も覚えられない。興味がない。判断力がなくなっている。学校を止めたい」と言う（意欲・自発性の低下）。また，頭が活発に働かなくなったのは薬の副作用のせいだと考え，服薬を中断してしまった（病識欠如）。

　10月に結局退学となった。近くの学校なら行きたいと言うので，中学校の教師と相談し，翌年度は近くの公立高校を目指すことになった。家庭教師に来てもらって勉強を始めたが，程なく病状は悪化し，家庭教師の悪口を言い，勉強もせず，毎日寝てばかりいるようになった。母の料理を食べず，母に暴力を振るうようになった。通院も拒否して約3カ月通院が中断した。X＋1年1月に，両親，祖母に連れられて受診した。幻聴は否定したが，周りの人達が悪口を言っているのは間違いないと主張した。母の料理を食べないことや母への暴力は続いており，その他にも，洗面・入浴をしない，頭が痛く勉強できない，全く外出しないなどの症状が報告された。服薬は中断したままであった。

　その後1年間通院はまた中断となった。

　（小括）この時期には，病識欠如による服薬・通院の拒否が問題となった。明子には，幻聴や妄想が病気の症状であるという自覚がなかった。そのため，服薬についても，治療の一環として必要であるという自覚が持てず，「しんどいから薬を飲む」，「楽になったからもう飲まなくてよい」など，その時の気分によって服薬したり，中断したりを繰り返した。一般に

分裂病の治療においては，病識のない患者に対して，どのように服薬を納得させ，継続させるかということが大きな課題になる。また，この課題をうまく乗り切れるかどうかで，患者の予後は大きく変わる（分裂病治療では，基本的に服薬の長期継続が必要である）。そのため，治療では，薬物の必要性について，その副作用も含め，患者とよく話し合うことが大切であるが，明子の場合，第2期にはこれを十分に行えず，結果として，服薬中断から症状が悪化して通院中断に至った。学校については，「（状態は）中学校の頃が一番ひどかった」と母が述べているにも関わらず，実際には中学校で問題を指摘されたことはなかった。高校入学後，明子自身は「（学校で）悪口を言われる。いじめられる」と訴えたものの，実際にはこの時点では（学校に行けなくなるまでは），他の生徒や教師から見て，それほど変わった所や異様な言動は目立たなかったと思われる。分裂病初期には，患者自身が症状に悩んでいるにも関わらず，そのことを周囲に訴えることもなく，周囲の人達もそれに気づかないことが少なくない。

3．第3期（X＋1年1月〜X＋2年1月）——通院再開まで

明子は1年の通院中断を経て，X＋2年1月，両親，祖母に連れられて再び当科を受診した。中断期間中の状況について，明子と家族から得た情報は以下のとおりである。X＋1年2月より他院に通院し，服薬するようになった。4月に近くの公立高校入学。しばらくは比較的調子がよかったが，11月より再び拒薬するようになった。X＋2年の3学期に入ると症状が悪化し，学校を休みがちになった。たまに登校しても，授業中じっと座っていられず，うろうろ動き回る状態であった。学校や自宅でぼーっと考えこんだり，一人でにやにや笑ったり（空笑），独り言を言う（独語）ようになった。また，母の料理を食べなくなった。洗顔や入浴をせず，下着も着替えなくなった。

（小括）この時期には服薬中断と症状悪化の関係がいっそう明らかになった。また，周囲の人達（クラスメイトや教師）に症状が気づかれるように

なった。以前から見られていた症状（幻聴，妄想，母の料理の拒否，身辺の清潔維持困難）に加え，空笑，独語，ぼーっと考えこむ，授業中にうろうろ動き回るなどの症状が加わった。

4．第4期（X＋2年1月〜X＋3年1月）――学校との連携が始まるまで

X＋2年1月，投薬はしたが，その後も拒薬傾向が続き，3月より3カ月通院が中断した。症状は相変わらず続いていた。休みがちながらも一応登校は続けていたが，授業中じっと座っていられず，ノートもとれない状態であった。ぼーっとしたり，考えこんだ様子になったり，独りで笑っていることもあった。クラスメイトとの会話は全くなかった。休み時間はいつも保健室にやってきてうろうろし，よく独り言を言っていた。自宅でも，うろうろとして落着きなく，毎日泣きわめいたり，母の料理を食べない状態が続いた。6月には学校の遠足に行ったが，落着きなく大声でわめき散らし，弁当も食べなかった。

この頃，明子の拒薬傾向が強いために病状の悪化を招いていると考えられたので，デポ剤注射（溶けにくい薬剤を筋肉内に注射することによって作用を長期間持続させる方法）を続けていた。

それが功を奏したのか，この年6月頃より徐々に規則的に服薬するようになり，症状もしだいに落着いた。授業中も座っていられるようになり，自宅で食事するようになり，一日おきに入浴もするようになった。早退もなくなり，テストも受けられた。独語もなくなった。しかし，話しかけてもぼーっとした状態が多いのは相変わらずで，勉学意欲も乏しかった。病識もなく，「自分は病気ではない」と言って来院しないこともあった。

夏休みに入ると症状は落着いたものの，空笑が目立つようになり，臥床がちになった。2学期にも何とか登校できた。授業中にうろうろすることはなくなり，友人とも少しは会話できるようになった。

自宅でも，母の料理の手伝いをするようになり，何でも食べるようになっ

た。幻聴や空笑も止まった。

　日常生活も規則的になり，年賀状も書けた。しかし，相変わらず勉強には身が入らず，記憶力や集中力の低下を訴えていた。実際，試験の成績は悪く，そのことで両親に責められ，さらに勉学への意欲を失うというようなこともあった。

　（小括）服薬により，幻聴，妄想などの陽性症状がしだいにコントロールされていった時期と考えられる。同時に，陰性症状としての意欲・自発性欠如，感情の平板化，無快楽症などが目立ってきた。

　明子は記憶力や集中力が低下して勉強に身が入らないとか，何をしても楽しくないと訴えたが，これは，陰性症状としての意欲・自発性低下や無快楽症によるものと考えられた。細やかな感情の動きがしだいに減少し，そのことによって周囲との交流がより困難になっていったと思われる。さらに，この時期には，主治医は明子に対してはっきりとプレコックス感を感じるようになったが，この感覚はおそらく，周囲の人達（友人や教師）にも共有された感覚と思われた。

5．第5期（X＋3年1月〜X＋5年3月）——学校との連携により，卒業ができるまで

　X＋3年の3学期が始まったが，この時点で成績不良と出席日数不足のため，3年生への進級が困難であることが分かった。このことで担任と養護教諭が主治医を訪れ，今後の方針について相談した。その結果，主治医が学校あてに明子の進級を求める内容の意見書を提出したが，結局進級できず，2年生をもう一度繰り返すことになった。この時以降，主治医は担任・養護教諭と定期的に情報交換を行うようにした。

　4月（2度目の2年生1学期），服薬は続けていたが症状が悪化し，自宅で泣き叫んだり，母と買物に出かけた時も大声でわめいたりした。テレビも落着いて見られなくなり，独語や空笑も激しくなった。登校は，時々休んだり「やめたい」と言いながらも何とか続けていた。しかし，自宅で

は横になって寝ていることが多くなり，夏休み中もほとんど寝たきりのような状態で過した。勉強もほとんどできなかった。

2学期が始まった。登校はできたものの授業中じっとしていられず，保健室に行ったこともあった。

「何をしても楽しくない」と訴え，空笑も目立ってきた。「薬を飲むと集中力が出ず，気持ちが悪い」，「薬を飲むと美術が嫌いになる」，「薬に毒が入っている」など，服薬に対する抵抗が強まった。学校でもこのことを訴えたようで，薬の副作用について担任が問い合わせてきた。11月に入ると，大声で泣いたり，ノートがとれなくなった。教室でじっとしていられず，保健室によく行くようになった。自宅でも泣いて暴れたり，父に怒鳴ったりするようになった。

X＋4年の3学期になると，独語，空笑などはやや改善し，勉強も少しはできるようになってきた。2月には修学旅行も無事参加できた。しかし，「気分が悪い。学校へ行きたくない」，「薬のせいで，脳の中が変えられた気がする」，「薬飲んでから勉強の意欲が落ちてきた」，「薬はもう必要ないから止めたい。薬飲むと気持ちが悪くなる」などと訴え，薬の減量や中止を希望した。そして実際に，自己判断で服薬を中断してしまったが，程なく症状が悪化し，試験も白紙で提出する状態となり，3月にはしぶしぶ服薬を再開した。

4月に仮進級で3年生となった。その後約1年，早退したり，休み時間には保健室に行ったりしながらも登校は続け，X＋5年3月，補習授業を受けて何とか高校を卒業できた。

（小括）X＋3年1月，3年生に進級できない可能性が濃厚となった。その後1年余りの間，調子を崩したり，不安定になることが多かったが，経過中で一番大変であったこの時期に，担任・養護教諭と主治医の間で定期的に情報交換を行った。X＋4年4月以降は比較的安定していた時期と言える。「学校に行きたくない」と言いながらも登校を続けることができた。早退したり，休み時間には保健室に行ったりすることも多かったが，教室

でおとなしく座っていることが可能になった。自宅でも，以前のように大声を出したり，暴れたり，母と喧嘩することもなくなった。服薬についても，以前ほど拒否的でなくなり，規則的に服薬するようになった。陽性症状はほぼ消失した。陰性症状は引続き残存していたが，進行はほぼ食い止められていると思われた。

Ⅲ　学校との連携の経緯

　X＋3年1月から始まった学校との連携（担任，養護教諭と主治医の間の話し合いや情報交換）は，明子の一番大変な時期を乗り越える上で大いに役立ったと考えられる。以下，やや長くなるが，担任や養護教諭から得られた情報（抜粋）を記す。

　X＋3年3月
新学期を前にしてかなり緊張している様子であった。留年したこともあって，祖母，母から勉強に対する圧力を感じているようだ。祖母の話では，春休み中はずっと自宅にこもりきりで，時折幻聴があって，独り言で大声を出して文句を言うとのこと。

　4月
　心配していた始業式を無事乗り越えた。クラスの雰囲気もまだ明子に対して特別な様子はない。

　新学期が始まって3日目に遅刻した。自分からわざわざ担任の所まできて「今日遅刻してしまった」と報告にくる。次の日から，クラスの女子が「変わった先輩」と見始めたようだ。休憩時間はずっと机にうつぶせになって座ったままで，昼休みになると保健室に行く。クラスの女子から明子の様子がおかしい（突然足をバタバタする）と担任に言ってくる。明子が休んで不在の時に担任から（内容は伏せて）明子が病気で加療中であること，薬の副作用で時々しんどくなることなどをクラス全員に伝え，女子生徒に理解と援助を依頼する。

5月

担任が病院に同行して主治医との面接に付き添い，初めて明子の本心を聞くことができた。「学校をやめたい」，「ノートを取ろうとするが，集中できなくて取れない」，「他の子がノートを貸してくれるが写せない」など訴える。連休明けからは無欠席。クラスの雰囲気にも慣れてきたようである。精神的にはかなり疲れるらしく，昼休みは保健室で過す。真面目な性格で，勉強や対人関係で気を使っているようである。

遠足は大雨だったが休むことなく参加した。昨年のこと（注：遠足先でわめいて弁当を食べなかったこと）もあって担任は気がかりだったが，結果としては，クラスの友達と打ち解けてうまく交流できた。体育大会のエントリーを決めるホームルームでは自分から積極的に綱引きに参加することを手をあげて意思表示した。ジャンケンで明子は負けたが，他の生徒が明子に権利を譲ってくれた。中間考査の前になって，他の女子生徒がノートを貸してくれたりしている。

6月

中間考査終了まで，自宅ではかなり暴れて困ったらしい。テストの結果は全科目が欠点であった。

体育大会でフォークダンスの練習をした時は，保健室にいたにも関わらず出てきて一緒に踊った。

連休明けから無欠席で，行事（遠足，体育大会など）にも参加できる。勉強ができていないことへの不安が強く，そのことを考えると病状が不安定になるようである。

6月に入ってこれまで服用していた薬を変えたらしい。授業中はひたすら我慢して座っている。ノートを取ったり説明を聞いたりすることはできないようである（女子生徒はそれなりに気を利かせてくれている。明子の様子が不安定な時も，その都度担任に教えてくれている）。薬を変えたので「授業中はいくら我慢しても完全に寝てしまう」らしい。5月の中間考査前にも緊張感が増してきたのか，同じ事を訴えに来たことがある。勉強

しなければという気持ちがかえって緊張感を増し、自宅ではその結果症状が悪くなっているのであれば、若干気になる所である。

7月

最近はちょっとした事でも、割と気楽に担任の所へ来て話すようになった。期末考査が近づき、やや焦っている様子である。「授業中眠くてたまらない。先生の説明も分からない。ノートも取れない」という訴えは相変わらずである。担任からは、授業中に眠くなったら「寝てもいい」、「ノートも少しだけでもいいから取ってみたら」という助言をしている。少しずつではあるが、ノートを取り、プリントを提出できるようになってきた。明子はやはり進級したいらしい。

終業式に、登校してくるなり「他の私学に転校できますか？」と聞いてくる。6月初め頃に中間考査の成績が振るわなかったことで落ちこんでいた時と同様である。1学期の成績は、実技教科はなんとか欠点を免れたが、他の教科は全部欠点となった。欠点の科目も通知票の点数はかなり平常点を加算して出してもらったようである。服用中の薬の副作用で全く勉強に手がつかないのかどうかが、学校側として気になるところである。薬の副作用が原因で勉学に支障をきたしているならば、明子の責任ではないので、そのことを踏まえた上で成績を評価することになる。過去に成績評価に関する例外扱いはないが、明子は過去の例とは違う事情であるため、今後の検討課題である。とりあえず担任からの提案として、2学期当初に教科担当者会議をもち、明子についての共通理解を深めてゆくことになっている。

9月

予想通り、夏休みを挟んで病状が悪化したように思える。進級に関する不安から、情動が不安定になっているのではないか。夏休みの宿題は全く提出されていないが、授業中は、ノート記入、プリント類の提出が不完全ながらでき始めている。これは1学期よりも進歩であるが、かなり無理しているようである。明子には、どの教科の教師も薬の副作用で勉強できないことは知っているので、できる範囲の努力をすれば平常点をくれるから、

試験だけで進級・留年が決まることはないと担任から伝えている。2学期が始まって10日目位から，緊張感の限界が来たのか，退学したいと訴え始める。

　休憩時間にやってきて「薬を飲むと勉強が手につかなくなって眠たくなるので飲みたくない」と訴える。昨日から，じっとしていられなくなったら飲むように言われた「追加の1錠」（注：診察時に不安・焦燥感の訴えがあったため，主治医が頓服薬として追加した1錠）であるが，明子自身はこの1錠を飲むと勉強ができなくなるように感じている。担任からは「飲むか飲まないかは自分で決めればよい。無理に薬を飲む必要はないから，もっと気軽に薬とつき合ったら」と伝える。夜，祖母から電話があり，明子が「先生（担任）が薬を飲むか飲まないかは自分で決めればよいと言ったと，薬を拒否している」とのこと。「追加の1錠」について言ったことを，毎日常用すべき5錠の薬にも当てはめて考えているらしい。それにしても何か「薬漬け」のような気がする。明子が暴れるといっては，どんどん薬が増えていっているのが気になる。このままで本当にいいのか。

　10月

　自分の苦手科目は，できれば勉強したくないと思っている。ノートを取ったり，プリントを提出するように言うと，「薬のせいでノートが書けないし，集中できない」などと答える。教師やクラスの女子達の応援で，勉強は少しずつできるようになってきているが，その分，甘えも出てきたように感じる。
先生が甘えさせてくれるなら苦手科目はしなくてすむ，と思っている節もある。

　授業中，頻繁に手や首を振ったり，（幻聴のせいか）大声で笑い出したりする。また，相変わらずニヤニヤと笑っていることが多い。じっとしていられない時や気分の悪い時は保健室に行ってよいと言ってあるので，時折欠課している。「追加の1錠」は飲んでいないようである。担任が「もう少し頑張ってみたら」と言うと頑張れるようであるが，どの程度頑張ら

せてよいものか判断に迷う所である（気ままも含まれているように思われる）。

中間考査で試験時間中に頻繁に手を振り続けていることが，ほぼ全教科の試験監督から指摘されている。また，首を上下に振ったり，大きなあくびをした後，うつ伏せになっている。試験問題にはほとんど手がつかない様子である。以前はこのようなことがあっても継続時間が短く，自制心も働いて何とか周りの状況に合わせていたが，今は全くコントロールが利かないように見受けられる。誰の目にも状態が悪いと見える。今後は別室受験も考える必要がある。

IV 考　察

医療と学校の連携により，卒業が可能になった分裂病の一例を紹介した。以下，明子の問題行動への対応を中心に連携の実際について述べ，次いで連携の意義，及び留意すべき事柄について若干の検討を加える。まず，連携の実際であるが，**表-1**は明子が学校で示した問題行動に対する医療側

表-1

	学校での問題点	症状	医療側の見方・対処法
1	欠席・不登校	陽性, 陰性	症状が重い場合には欠席を認めてほしい。改善した場合には出席を認め，成長のための環境を確保してほしい。
2	場にそぐわない行動（異常行動）	主に陽性	授業妨害の程度がそれ程でなく，教師のクラスメートの理解が得られるならばクラスに留めてほしい。
3	成績不振・意欲低下	主に陰性	病状のために勉強できない場合があることを認めてほしい。
4	友人関係からの孤立	陽性, 陰性	病状が重い場合には友人から距離をおける環境を，改善した場合には友人とうまく交流できる環境を作ってほしい。
5	医療への不満		学校側へも症状，治療，薬の副作用などについて説明し，理解を求める。

の見方や対処法を示したものである。

1. 欠席・不登校

　明子は，最初の高校は不登校から結局退学に至り，次の高校でも，しばしば学校を欠席した。これは，症状との関連で考えると，最初の頃は陽性症状との関連が強かったが，しだいに，意欲・自発性低下などの陰性症状の影響を強く受けるようになったものと思われる。

　一般にこのような欠席状態に対し，医療側としては，時期や症状の重症度によって，基本的に二種類の対応が考えられる。すなわち，症状が重いときには，登校は患者に負担となり過ぎる可能性が高いため，欠席を勧める。しかし，症状がある程度コントロールされた時点では，原則として出席を勧める。それは，学校から離れることによって，社会生活や友人関係から切り離された状態が続くことの不利益が大きいからである。これは，子どもが成長期にあるために，成人が仕事を休む場合以上に慎重に考える必要がある。患者が休んでいる間にも，他の子どもたちは，学業を続け，友人関係や社会的経験を蓄積・発展させていくし，こうして生れてくるハンディキャップのために，患者の病状がいっそう回復しにくくなったり，悪化する場合が少なくないからである。したがって，出席可能な場合にはできるだけ出席を勧め，成長のための環境を確保するように働きかけるというのが医療側の対応の原則となる。

　明子の場合，多様な症状があり，医療側としては登校可能かどうかの判断に迷うギリギリの所であったが，学校側は終始彼女を受け入れてくれた。また，2年生終了時，嫌がっていた留年が決まった当初，「学校をやめる」と言っていた彼女に対し，担任や養護教諭が受容的に接し，優しく声をかけたり「よくやっている」と励ましたことで，登校の継続が可能になった。担任や養護教諭は明子にとって頼れる存在であり，大きな支えになったと考えられた。また，学校側が一貫して受容的態度を維持してくれたことは治療にとっても大きな支えになった。

2. 場にそぐわない行動（異常行動）

明子は，授業中じっとしていられずに教室の中をうろうろしたり，手や首を振ったり，ニヤニヤしたり，その場にそぐわない行動をとることがしばしばあった。一般にこのような異常行動は，幻聴などの陽性症状が活発な場合に多く見られ，明子の場合にもそうであったように思われる。このような問題行動が出てきた時，医療側としては，患者の行動がクラスの授業進行をどの程度妨げているか，授業の中で教師が対応可能な状況か，クラスメイトがどの程度（患者の病状を）理解しているのかなどを勘案しながら対応を考えることになる。原則的には，授業妨害の程度がそれ程甚だしいものでなく，クラスメイトの理解もある程度得られるような場合には，患者がクラスに留まれるように働きかけ，そうでない場合には，保健室登校や欠席を勧めるということになる。

明子の場合，教師やクラスメイトの理解に恵まれたために，異常行動が目立っている時でも無条件に欠席を促すのではなく，状況に応じて授業参加や保健室登校を勧めることが，主治医には可能になった。これは，治療的に大きなプラスになった。

3. 成績不振・意欲低下

成績不振・意欲低下は，陰性症状としての意欲・自発性低下による所が大きいと思われる。これに関する医療側の基本的立場は，病状のために患者が勉強できない場合があると認めてほしいということである。成績評価や進学に関して，他の生徒と同じ基準を一律に当てはめるのではなく，患者の病状に配慮した個別的対応を学校側に期待するわけである。

2年終了時，医療側は学校側に明子の進級を求める内容の意見書を提出した。この措置は，明子が「留年するなら学校をやめる」と言っていたこともあり，退学したり，学校に行かなくなってしまうことの不利益を心配した上でのものであった。結局進級はできなかったが，学校側の忍耐強い

受容的態度によって，彼女はその後も登校を続けることができた。この間,学校側は医療側と定期的に連絡をとり合い，成績評価に際しても病状や薬の副作用によるハンディキャップを考慮するなど，きめ細かい配慮を行った。明子の卒業が可能になったのは，このような学校側の配慮による所が大きい。

4．友人関係からの孤立

患者が友人関係から孤立したり，その危険がある場合，医療側は患者の病状に応じて対応を考えることになる。原則として，症状が強くて友人との接触が困難な場合には，友人と接触しなくてもよい状況や，ある程度距離をおける状況を作ることを心がける。症状が改善してくると，患者が安心して友人関係をもてるように周囲の配慮を求めていくことになる。

明子の場合，終り頃には友人とも少しずつ交流ができるようになっていったものの，それまでは一人でぼーっと考えこんだり，休み時間になると保健室に直行したりなど，満足に交友関係を結べる状態ではなかった。クラスメイト，特に女子生徒はいろいろな面でサポートし，関わりをもとうとしてくれたようで，これは幸いであった。このような問題をもつ子どもは，友人から避けられたり，いじめの対象になることが少なくない。このサポートは担任の依頼で始まったものであったが，その後は自発的に継続された。

5．医療への不満

明子は経過中しばしば，薬に対する不満を訴えた。一般に，医療や薬への不満は病識のない分裂病患者にしばしば認められるが，これを単に病識のなさで片づけてしまうことは治療的でない。

すなわち，患者の主張が主治医から見れば主客転倒のものであること（症状が出てきたために［状態が悪くなったために］医療行為を受けるようになったことを忘れ［認めず］，医療行為のせいで状態が悪くなったと主張しているということ）を患者に指摘し，治療の必要性を繰り返すだけ

では、患者は納得せず、医療への不満や反発をさらに強めたり、主治医の反対にも関わらず、通院を中断してしまうことがある。そういう場合、患者は主治医のことを、自分の考えばかりを押しつけ、患者の言うことに耳を傾けようとしない威圧的・否定的対象と受け止めることが多いので、患者の話を聞かされた周囲の人達（家族、学校）も、主治医や医療に対して不信を抱くようになることがある。

このような悪循環を防ぐため、医療側としてはまず、患者や周囲の人達の訴えに耳を傾け、医療への不満の背後にある患者の様々な不安や苦悩に共感しようとする姿勢が重要になる。その上で、患者に対しても、家族や学校側に対しても、症状、治療、薬の副作用などについて十分な説明を行い、時間をかけて理解を求めていくこと、すなわちインフォームド・コンセントへの努力が大切である。

明子の場合、担任や養護教諭が様子を見守り、状態を細かく観察し、主治医に報告し、診察室へもしばしば足を運んでくれた。また、彼女の不満を代弁する形で「集中力がなく、よく寝てしまうのは薬が強すぎるのではないか」などと質問してくることもあった。このように教師が明子の立場に立って報告してくれたことは、彼女にとっても主治医にとっても大いに助けになった。主治医は教師との話し合いを通じて、医療に対する彼女の不満や、その背後にある様々な不安について理解を深めることができた。

以上、明子への問題行動への対応の観点から連携の実際について述べた。次に、明子のような精神障害を持った生徒への対応における連携の意義と、連携の際に留意すべき事柄について検討する。

まず、精神障害を持った生徒に適切に対応していくためには、学校側と医療側の密接な連携が必要である。連携による学校側のメリットの一つは、生徒の問題行動が病気との関連で理解しやすくなることである。このことや、生徒が専門家の治療（検査、投薬、カウンセリング）を受けていること自体が教師の安心感につながってゆく。そして、自信と一貫性、柔軟性

をもった生徒指導が可能になる。一方，医療側のメリットとしては，診察室で生徒や家族から得られる情報に加えて，生徒の重要な生活の場である学校での情報が得られることで，生徒の理解が深まり，より適切な治療方針が立てやすくなるということがある。こうして，学校側と医療側がお互いの見方を共有することによって，生徒の状態に応じた適切な対応が可能になるのである。

次に，特に大切なのは，お互いの立場や発想の違いについて十分に認識しておくことである。

一般に医療側は，生徒（患者）を保護し，守るという立場が身に染みついている。これに対して学校側は，生徒の能力を伸ばすために，生徒の弱点を克服し鍛えようとする立場に立つことが多い。また，医療側は学校に何か要求する時に，その生徒一人のことを考えて要求を出すことが多いのに対し，学校側は，生徒集団を相手にしているという事情がある。このような立場の違いのために，たとえばある特定の問題生徒について，医療側から特別な配慮や特典を与える要求が学校側に提出されると，学校側としては，教育の平等という観点から，あるいは"甘やかす"ことによって生徒が弱点を克服する機会を奪われるという心配から，医療側の要求を満たすことに抵抗感を覚えることがある。また，そのような抵抗感がなくても，手間のかかることを要求された場合には，現実問題として余力がない場合もある。

さらに，生徒に非常に手間をとられる状態が続くと，学校側は時に，医療の問題が先であり，教育はその次であると主張したり，極端な場合には，医療側に生徒を押しつけてしまうことがある。このようなことから，ともすれば両者の間に対立が起こり，連携が困難になってしまうことがある。

連携が円滑に進むためには，学校側の窓口となる教師を決め，この教師を通じて連絡を行うとうまくいくことが多い。その際，医師はできるだけ専門用語や外国語を少なくし，日常の言葉で分かりやすく伝えるよう努めねばならない。一方，窓口となる教師も，精神保健（精神障害やカウンセ

リングなど)について多少の知識を持ち,医師の伝えたいニュアンスが分かる人であることが望ましい。

「白黒はっきりさせた形で理解したい」という気持ちが過ぎると,医師の発言の不確定要素を切り捨てて断定的に受け止めてしまう危険があるからである。

窓口は現実には養護教諭の場合が多い。連携成功のためには,全体を見渡し,誰がどこでどのように関わっているかを把握し,情報を集約し,必要に応じて情報交換を促し,関わり方について依頼や助言をし,諸関係を調整する人が必要であるが,このようなケース・マネジメントの中心になる調整役としてのケース・マネージャーの役割が,窓口となる教師に期待される。明子の場合には,担任と養護教諭がこの役割をうまく果たしたことが,連携成功の一つの鍵であったと考えられる。

最後に,「分からない時や納得のいかない時には率直に尋ねる」という態度が,連携を成功させるためには必要である。これができそうで,実際にはなかなか難しい。尋ねられた側は相手の疑問に対し,自分の領分への侵入や批判と捉えるのではなく,生徒(患者)への強い関心と援助の気持ちの現れとして理解し,できる限りていねいにそれに答えていくことが大切である。また,その際,相手側の事情に十分な配慮を示す姿勢も忘れてはならない。

V おわりに

以上,医療と学校の連携により,卒業が可能になった分裂病の一例を紹介し,連携の意義や連携の際の留意点について検討した。明子の場合には,連携に際してしばしば起こりがちな難点をうまく回避し,連携のメリットを最大限に引き出すことができたのが,結果として連携の成功につながり,卒業を可能にしたと考えられた。すなわち,学校側と医療側が密に連絡を取り合うことによってお互いの情報を共有でき,それを指導と治療に生か

せたこと,お互いの立場の違いや発想の違いについて十分に認識し,相手の事情に配慮することによって対立を避け,協力体制をうまく整えられたこと,学校側の連絡窓口としての担任,養護教諭が,医師の伝えたいニュアンスをよく理解してくれたこと,また,治療についての疑問が出てきた時には率直に尋ねてくれたこと,これら全てが相俟って,明子に対する適切な治療や指導が可能になったと考えられた.

参考文献
1)原田 正文(1993)学校に行きたくないと言われたとき――保健室からのアプローチ.農村漁村文化協会.
2)笠原嘉(1998)精神病.岩波書店.
3)成田善弘(1996)スクールカウンセラーのための理論――精神医学の視点から こころの科学増刊号)スクールカウンセラーの実際),大塚義孝編,pp.41-45,日本評論社.
4)清水將之(1989)青年精神医学の現状と問題点.青年期の精神科臨床(清水將之編)pp.1-19,金剛出版.
5)山本晃(1995)学校精神保健.青年期の精神医学(青木省三・清水將之編)pp.330-345,金剛出版.

編者コメント

学校と医療の協力

井上 洋一

　水田氏の報告は，他の事例とは少し異なっている。その第1の点は医師が医療の現場から報告していることであろう。細田氏も医療と教育の連携を論じているが，本事例では医療の比重がより増している。Aは精神分裂病を患っている。Aのような精神疾患を患っている生徒への学校カウンセリングは，どのような基本に沿って行われることになるのだろうか。生徒が精神疾患をもっているときに，学校でどのような対応を行うのが生徒にとって最も良いのか。水田氏の事例を通してそのことについて考えてみることができる。

　多くの担任や養護教諭は分裂病という疾患にどう対処すればよいのか戸惑うかもしれない。専門家であるカウンセラーにしても精神疾患の患者のカウンセリングを担当する機会は少ない。事例Aは分裂病の生徒の学校生活で生じる問題を示している。時には症状が出現し，Aは学校生活の継続が可能かどうかというぎりぎりの状態で，学校生活を送っていた。Aの事例は，精神疾患をもつ生徒の学校生活で現れるであろう多くの問題を提示し，水田氏はその対応について検討している。

　不登校や神経症レベルの問題であれば，その生徒が医療機関にかかっていたとしても担任や養護教諭は，生徒や家族と連絡をとりながら，自分の判断で教育的援助を並行して行うことができる。ところが，精神分裂病のような重い疾患になると，教育サイドが独自の立場から今後の経過や教育的対応についての判断を下すことは難しい。重篤な精神障害への対応は，教育より医療が優先する。様々な判断を医療の専門家に任せることになる。

治療によって，学校生活が営める状態に回復した後，学校への復帰を図るのが通常のやり方である。担任教師はどこから自分の出番になるのか，受身の状態で待たざるを得ない。

とは言っても，他の疾患との違いばかりを強調する必要はあるまい。精神分裂病であっても，医療と教育の連携は他の事例と同様に重要である。連携の在り方についての基本的な枠組みを医療サイドと教育サイドが互いに持っておくことが必要であるし，それは十分に可能なことである。水田氏が提示した事例は，いくつかの具体的な問題を提起している。そこに指摘されているポイントは，類似の事例への対応の参考になると考えられる。

分裂病を発症した生徒への対応は，学校カウンセリングの中の一つの重要な項目として，忘れてはならない一項であろう。精神疾患を患う生徒にどう対処すればよいのか，一応の枠組みを理解しておくことは，カウンセラーとしての専門性を確立する要件ではないだろうか。そのような趣旨で，学校カウンセリングの事例として，精神疾患の事例を水田氏に提示していただいた。

最初に考えておくべきことは，疾患の治療については医療の専門的な判断が求められるが，病気のために生じる生徒の生活上の問題や教育上の問題は他の事例と変わらないという点である。精神疾患といっても，生活のすべての面において判断力が損なわれることはほとんどないし，あったとしても急性期の一時期に限られる。多くの場合，症状による混乱に加えて，学校生活がうまくいかない悩みが重なり，生徒の精神的負担を増大させている。

精神分裂病に罹患した生徒も，学校生活が通常通り営めない悩みを抱えている。症状が重い時期には，症状が精神活動の多くの部分を占めてしまい，一時的に学校の問題が隠されてしまう。そのような時期には，学校の問題を取り上げたとしても，生徒はそれについて考える余裕がない。したがって，学校の問題を話題として取り上げるのは適当とは言えない。しか

し，急性期が治まり，精神症状が改善されてくると，しだいに現実的な問題が大きな比重を占めるようになる。回復期には，学校への復帰が大きなテーマになる。医学的にはもう大丈夫，ここから先は学校側にお任せしますという明確な区切りがあるわけではない。治療が進んでいくとある時点から，医療と教育の連携が必要となる。生徒の復学にむけての準備は医療と教育の両者がオーバーラップして進めていくことになる。

　治療も後半になると，現実的な課題が重要な問題として検討される。回復をさらに進めるためには，精神的負担となっている現実的な不安定要因に対処していくことが必要となる。通学が現実的な話題になり始めると，医師と担任教師，養護教諭は連絡を取り合い，復学への体制作りがスタートする。皆から取り残される感覚は，長期に学校を休んだ生徒の誰もが体験する感情であろう。治療のためとはいっても学校を休むことは，生徒にとっては重大な問題であり，生活の大きな変化である。勉学の遅れ，留年や進学問題などへの不安も生じる。

　復学に際して，最初はどれだけの時間学校に居ることができるのか，生徒の状態から判断する。基本的には，通常どおり出席できる状態になってから復学すればよいと考えられるが，実際にはそのように割り切れない場合も多い。復学する時は，生徒の負担を軽減し，円滑に学校生活に復帰できるように，可能な限り配慮をすることが良い結果につながる。復学の期日，最初から全日出席するのか，午前中だけか，それとも昼からにするか，保健室の利用も視野にいれておくのか，様々な可能性を検討して実現しやすい方法を採用する。いずれにしろ復学を開始したら慎重に様子をみながら，その時の生徒の状態に合わせて，さらに調節を繰り返す。学校に行けることが，生徒に自信を回復させ，その後の治療のためにも良い影響を与える。重要な問題の一つはクラスメイトとの関係である。クラスを離れていた生徒は，クラスメイトとの間に溝を感じやすい。生徒がクラスメイトから受け入れられることが，生徒の学校生活を安定させることにつながる。

事例は16歳女子である。高校1年のときに精神症状を訴えて受診した。投薬により症状は軽快したが、周囲から悪口を言われているとの被害妄想のために、登校できなかった。3カ月の治療で被害妄想も治まったが、勉強が手につかず集中力もなく、高校を退学し、他の高校への入学を目指して勉強を始めた。その後、病識がなく、1年間治療が中断した。症状が悪化し、再び外来通院を始めた。近くの公立高校に入学し、通学を始めた。その年の11月服薬が中断し、症状が悪化し、クラスメイトの目にも状態が悪いことがあきらかとなった。一時的に注射による投薬を用いて再び症状は改善した。

服薬が規則的に行われず、そのために何度か症状が悪化し、注意されて薬物を規則的に服用するようになって、症状が安定するといった繰り返しがあった。

精神分裂病の治療経過は症例によって様々である。症状が完全に消失し、少量の服薬で長期にわたって安定した社会復帰を続ける症例もある。本症例は、ある程度の強さの薬剤を継続して服用する必要があった。症状はおおむね消失したが、その時でも集中力や根気といった勉学に必要な精神活動が、十分に回復しているとは言えなかった。Aは、やる気が出ない、考えられないと訴え、勉強が進まないことを強く負担に感じていた。しかも服薬を怠ると、容易に症状が再燃した。かろうじて復学はできたものの、勉強は困難な状態にあった。本人は登校し続け、進級への希望は強かった。治療者は出来る限り学校生活を送らせる方向で本人の精神的安定を模索した。

医者側と教師側（担任教師と養護教諭）が連携した最初の大きな問題は進級問題であった。成績不良と出席日数不足のため、3年への進級が困難となった。担任・養護教諭が医師へ相談をもちかけ、以後双方の情報が交換されるようになった。学校側は、医学的に見た現在の状態について情報を得るとともに、学校での対応についても相談した。医師側は、学校でのAの様子を聞き、現在の状態像を把握する参考にし、その情報を治療に反

映させた。教室での本人の様子，保健室の利用状況，他の生徒の対応等具体的な情報が医師へ伝えられた。また医学的に見て，本人に今何ができるのか，何ができないのかの判断を学校側に伝えた。

　担任はAが病気で加療中であること，薬の副作用で体調がすぐれないことがあるとクラス全員に説明した。担任はAの外来診察に同行した。このころからAの担任への信頼が増していった。Aはクラスの一員である。そして病院に通う病人でもある。担任は診察に同行し，病人としてのAにも付き合ってくれた。Aのもつ二つの側面を担任は受け入れてくれた。担任に支えられながら，Aはしだいにクラスに融け込んでいくようになった。

　学校の中の問題であっても，治療する側は治療的な文脈上で判断する。たとえば登校するか，欠席するかの判断の問題がある。登校日数が不足し，これ以上休むと留年になるという時期であっても，登校するか休ませるかは，その時期に登校することのプラス面とマイナス面を検討して決定される。同年代集団との交流はこの年代の生徒の最も大きな関心事である。仲間との触れ合いを通して精神的自立が達成されて行く。学校生活から長期間離れていることのマイナス面は級友との接触の機会が失われ，成長のために必要な経験をする機会が奪われることである。一方出席することがマイナスの効果をもつ可能性もある。一見症状がないように見えても，勉強をするために必要な根気や集中力の回復が十分ではなく，登校して1時間の授業を聞くだけでも，かなりの努力が必要で，疲労することもある。回復の程度が十分でないときの社会参加は負担になり，回復の妨げとなる。勉強の負荷をどの程度軽くすべきなのか，その判断は治療の流れの中で行われる。陽性症状がなくても，陰性症状の有無は外見からは分かりにくい。本人に詳しく聞いた上で判断しなければならない。勉強など学校生活における課題については基本的に軽めに設定する方が無難である。

　第2の問題は，場にそぐわない異常行動にどう対処するかという問題である。少しでも症状があったら登校できない状態にあると判断するのは，どうだろうか。症状の有無も判断の一つの要素ではあるが，全体を見て総

合的に判断すべきであろう。教室で，たまに症状がでるだけで，周囲もあまり気にしていない場合は，医師へ状態を報告して指示を仰ぐという対応で良いのではないだろうか。最近の病状の安定度，生徒本人の希望，クラスメイトへの影響，授業の妨げになるかどうかなどについて検討した上で，判断すべきであろう。場合に応じて，出席を続ける，保健室登校を続ける，欠席を勧める等の対応が考えられると，水田氏は指摘している。

3番目にあげられているのは，成績不振，意欲低下の問題である。教育的な立場から見ると，これらの問題はできるだけ早く克服すべき課題である。しかし，医療側からみると，意欲がでないときには無理をしないことが大切である。勉強ができないことを，本人が気にしていることが多い。その上に，学業の課題達成を要求されると，安心して学校にいられなくなる。意欲の回復が完全ではなく，意欲の回復を待っている間でも，登校が治療の一つの段階としてあり得ることを学校側が理解し，勉強ができないことに関して教育的配慮を行ってほしいものである。

第4の問題は友人関係からの孤立である。水田氏は，対人接触が困難な場合には，友人と接触しなくてもよい状況を作り，距離をおくことの必要性を指摘している。一方，症状が改善すれば，友人関係をもてるような配慮が必要であるとしている。

最後に，医療への不満がある。いつまで通院しないといけないのか，服薬はいつまで必要なのか。そのような疑問が生じ易い。薬によって何らかの副作用が生じることもある。薬のせいで，状態が悪くなったと生徒が訴えると，教師も薬への不安や不信を生徒と共有してしまう。副作用が出る場合もある。しかし，副作用を理由に服薬を中断するのは危険である。症状が再燃し，病状が悪化する可能性がある。

医師は薬について相談を受けたら，変薬したり，量を減らしたり，改善のために何らかの対応をすることができる。また，薬を飲む必要性について説明し，薬を中断することのデメリットについても生徒と話し合うことができる。医療への疑問や不安は伏せておかずに担当の医師へ伝えること

で，医療への不信感をなくし，良好な治療関係を保つことができる。医師も薬がどのような効果をもたらしているのか，あるいは副作用が出ていないか，常に情報を求めている。薬の使用についても率直に話し合うことが，信頼関係を維持することにつながる。

　生徒が医療にかかっている場合，学校と医師との連携は重要である。特に重い精神疾患の場合はそのことはいっそう大切である。学校側も，積極的に医師と連絡をとり，必要な情報を得て，生徒への対応を自信を持って行い，学校生活への復帰を援助することが期待される。医師側も，学校と連絡をとり，学校での問題点を知ると共に，学校側に治療への理解を求める努力をする必要がある。

あ と が き

　「学校精神保健」が多用されています。辞書に掲載されてはいないものの，この言葉は日常語の範囲に含まれるようになってしまいました。それほどに，昨今の日本では子どもたちのこころが揺らぎ危うくなっているということなのでありましょう。それに対応して，さまざまな教育行政施策が講じられ，個別の試行もいろいろと進められています。このような時代背景を踏まえて，学校カウンセリングと題する書物をまとめてみました。それも理論編ではなくて，学校に関わるすべての職種に役立てて頂きたいという願いを込めて，実践編風に。

　通常カウンセリングと言えば，カウンセラーとクライエントが面接室内で１対１の対面を行っている，そういう図柄を読者は思い浮かべられるでありましょう。でも学校カウンセリングは，そのように静的な営みであることはむしろ少ないものです。カウンセリングでは重要視される契約という行為も，ここでは成り立ちません。治療者の中立性，これもたいていは成り立ちません。何でもあり，とでも申しましょうか，茶華道における「道」が一般カウンセリングにあるとすれば，学校カウンセリングは格闘の「技」が求められるとでも申せましょう。

　学校という組織および学校教育という構図の枠内で進められる作業であり，したがって，さまざまな職種の人が関わる複雑な人間模様となることが多くなります。そのような特徴を浮かび上がらせることも考えて，本書ではスクールカウンセラー，養護教諭，臨床心理を学んで生徒カウンセリングを行っている教員，精神科医と，職種にして４種の方に登場していただきました。精神科医では，一人は総合病院で一般精神科臨床を行ってい

る方，いま一人は情緒障害児短期治療施設（通常，情短施設と略称されている）で働いておられる方に執筆をお願いしました。情短施設が学校精神保健の総合構図の中で重要な位置を占めていると編者が考えるからです。

本書にご登場願った三船直子氏は，スクールカウンセラーというお立場の節度をしっかりと守っておられます。大きな心配を抱かれながらも，責任をもちかねるような深い介入は避けておられます。1995年春に，いじめ問題対策として文部省が都道府県に四人分ずつ予算措置を行ったことに始まったスクールカウンセラーも，数は結構増えてきました。でも，その資質に大きな広がりのあること，週半日2回という学校滞在時間の短さなどが，今後の課題として問われています。昨今の財政事情を考えますと，その急速な増加や常勤化を求めることは現実的ではありません。

そうなりますと，常勤として常時子どもに対応できる職種が学校精神保健の矢面に立つことになります。経歴の途中で大学院へ内地留学してカウンセリングを習得した細田氏のような教員を増やす，これはあまり期待できません。そうなりますとやはり，すべての学校へすでに配置されている養護教諭にがんばって頂くのが，もっとも現実に則った方途であると言えましょう。

西田篤氏には，情短施設を組み込んだ学校カウンセリングの事例をご執筆頂いたのですが，病院，適応指導教室，フリー・スペースその他，利用できる場所・施設・人材・組織は何でも活用しなければならないところも，一般のカウンセリングと学校カウンセリングとの異なる部分でありましょう。

学校カウンセリングは，学校という枠組み内での営みですから，期間限定の作業と心得る必要があります。熱心なスタッフが生徒の支援に打ち込み過ぎて，卒業後も治療的付き合いを継続する，といったこともときにあります。病院勤務や個人開業の医師やカウンセラーであれば，クライエントとの個人契約で作業を進めるのですから，卒業時点というのは目安にはなっても，作業の終結点としてさして気にかけることもありません。し

かし，学校関連職種にとって，卒業時点はスタッフ側だけではなく生徒側において大きな意味をもってきます。

　たとえば，ある生徒の精神保健援助に打ち込んだ養護教諭が，卒業してからもその子の相談に情熱を注ぐとすれば，それは一つの俗な美談にはなるでありましょう。しかし，生徒にとっては心情的に保健室を卒業できない，先生とは縁が切れないということになりかねません。いつまでも命綱が繋がっているという語りがそこで聞かれることになるかも知れないけれど，意識せずして子どもは気の重さをも抱いているでしょう。そのようなことにならぬよう，「あと1年5カ月で卒業だね，それまでに何を一緒に検討しようか」と生徒と共に考えてゆくという，保健室の卒業準備を進める必要があります。中坊伸子氏や細田憲一氏の報告は，その点での節度をしっかりと押さえておられます。

　このことは，援助（治療）目標をどのように設定するかという問題にも繋がってきます。医師やカウンセラーは治療的交流を始めるに当たって治療目標を設定し，そこへの到達をクライエントと共に目指すことになります。しかし学校カウンセリングの場合には，そのところが違ってきます。いまの子どもは好むと好まざるに関わらず，6年－3年－3年という時間割に乗って育ちをさせられる。そのリズムに合わせることが求められます。それに加えて，児童・思春期という年ごろは発達に向けての変化が速い（時に，激しい）ので，この拍子をよほどうまく活用してステップアップさせてやらねばなりません。学校カウンセリングの目標設定は，治癒（問題解決）ではなくて，そのステップ（たとえば，中学生の3年間）の発達をその子なりにこなしてゆくところにあるのです。

　学校教育が不安定になっているのは，歴史的必然を伴った現象のようです（たとえば，滝川一廣「家庭のなかの子ども，学校の中の子ども」など）。高度情報化社会によって，共産主義や閉鎖的独裁政治は解体に追いやられました。その流れは，国民国家という20世紀が築いてきた国家概念のパラダイムを崩そうとしています。それほどに地球規模で社会が揺れ動いてき

ますと，自分探しを模索している若者にとって，安楽な育ちの道はないということになります。

　当然のことながら，学校カウンセリングはこれまで以上にますます忙しくなるのでありましょう。もっと多くの人々がこの仕事に関心を注いで，次の世代がより安全な育ちを果たしてゆけるよう，力を合わせなければなりません。そのことに向けて，本書が役立てればと願っております。

　2000年7月

清水　將之

編者略歴

井上　洋一（いのうえ　よういち）
1949年　福岡県に生まれる
1973年　大阪大学医学部卒業
　　　　青年期精神医学　精神病理学専攻
　　　　大阪第二警察病院神経科勤務
1983年　大阪大学精神医学教室勤務
1999年　大阪大学健康体育部勤務
現　職　大阪大学健康体育部カウンセリング学部門教授
著　書　青年期の精神医学（著，金剛出版）青年期の精神療法（共著，金剛出版）他

清水　將之（しみず　まさゆき）
1934年　兵庫県芦屋市に生まれる
1960年　大阪大学医学部卒業
　　　　精神医学専攻
1965年　大阪大学大学院医学研究科修了
1968年　大阪大学医学部精神医学教室へ勤務
1980年　名古屋市立大学医学部精神医学教室へ勤務
現　職　三重県立こども診療センターあすなろ学園園長
著訳書　青年期と現代（弘文堂），青年期の精神医学（共編，金剛出版），思春期のこころ（NHKブックス），人間が生きる条件（共著，岩波書店）その他多数

執筆者略歴（執筆順）

西田　篤（にしだ　あつし）
1959年　山口県に生まれる
1984年　岡山大学医学部卒業
　　　　天理よろづ相談所病院ジュニアレジデント
1986年　岡山大学神経精神医学教室へ勤務
　　　　児童思春期精神医学専攻
1987年　十全第二病院勤務
1991年　広島市児童療育指導センター勤務
現　職　広島市児童療育指導センター心療部次長
　　　　情緒障害児短期治療施設「広島市愛育園」園長
　　　　広島女子大学非常勤講師
著訳書　心のカルテから―子育て伴走者の記録（中国新聞社），教育相談・重要用語300の基礎知識（共著，明治図書）他

中坊　伸子（なかぼう　のぶこ）
1948年　兵庫県に生まれる
1971年　神戸大学教育学部卒業
1971—1989年　公立小・中学校勤務
1989年～立命館中学校・高等学校へ勤務
　　　　養護教諭
著　書　養護教諭実践の創造（共著，青木書店），親たちの「思春期」攻防戦（共著，大月書店）

細田　憲一（ほそだ　けんいち）
1950年　福井県に生まれる
1977年　富山大学文理学部卒業
　　　　物理学専攻
1978年　神戸市立産業高校に勤務
1980年　神戸市立長田工業高校に勤務
1990年　兵庫教育大学大学院修士課程修了
　　　　生徒指導・臨床心理学専攻
同　年　神戸市立御影工業高校に勤務
1991年　北陸高等学校教育相談室へ勤務
現　職　北陸高等学校教育相談室カウンセラー，福井県立武生工業高校スクールカウンセラー，臨床心理士
著　書　学校進路指導（共著，北大路書房）

三船　直子（みふね　なおこ）
1957年　大阪市に生まれる
1980年　大阪市立大学文学部卒業，国史専攻
1994年　大阪市立大学生活科学研究科後期博士課程修了
　　　　発達臨床心理学専攻，臨床心理士
1994年　大阪市立大学保健管理センター，カウンセラー
　　　　大阪市立大学生活科学部非常勤講師
現　職　カウンセリングオフィス神戸同人社（開業）
著　書　臨床心理学（共著，培風館），はじめての心理学（共著，創元社）他

水田　一郎（みずた　いちろう）
1957年　神戸市に生まれる
1983年　大阪大学医学部卒業
1988-93年　米国Albert Einstein大学，NIMH（精神保健研究所）で研究
1993年　大阪大学医学部精神医学教室へ勤務
現　職　大阪大学大学院医学系研究科・精神医学部門助手（学内講師）
　　　　児童青年精神医学会認定医
　　　　児童青年期精神医学，精神分析学専攻
著訳書　臨床過程と発達（共監訳，岩崎学術出版社），「甘え」について考える（分担執筆，星和書店）

|検印省略|

思春期青年期ケース研究 7
学校カウンセリング

発　行	第1刷　2000年7月19日
編　者	井上　洋一 清水　將之
発行者	山内　重陽
印　刷 製　本	新協印刷(株) (有)共伸舎
発行所	岩崎学術出版社 東京都文京区小日向1の4の8 電話　代表（3947）1631

2000年　岩崎学術出版社Ⓒ　乱丁・落丁本はおとりかえいたします。
ISBN4-7533-0007-2

■思春期青年期ケース研究
編集・思春期青年期ケース研究編集委員会

本シリーズは思春期青年期全般，精神医学，臨床心理学の領域で，多様なケースを詳細に取り上げ，臨床に携わる方々に若者の心の臨床を生の姿で伝えるものである。

第1巻 **摂食障害**
小倉清・狩野力八郎責任編集

第2巻 **境界例──パーソナリティの病理と治療**
牛島定信・館直彦責任編集

第3巻 **不登校と適応障害**
齊藤万比古・生地新責任編集

第4巻 **感情障害とリズム障害**
樋口輝彦・神庭重信責任編集

第5巻 **女性と思春期**
中村留貴子・渋沢田鶴子・小倉清責任編集

第6巻 **身体化障害**
成田善弘・若林愼一郎責任編集

第7巻 **学校カウンセリング**
井上洋一・清水將之責任編集

■以下続刊
初期分裂病　中安信夫・村上靖彦責任編集
虐待と思春期　本間博彰・岩田泰子責任編集
暴力と思春期　中村伸一・生島浩責任編集

■思春期青年期ケース研究編集委員

小倉　清				
乾　吉佑	井上　洋一	岩田　泰子	牛島　定信	生地　新
笠原　敏彦	狩野力八郎	川谷　大治	神庭　重信	北西　憲二
齊藤万比古	坂口　正道	渋沢田鶴子	清水　將之	生島　浩
高橋　俊彦	舘　哲朗	館　直彦	堤　啓	中村　伸一
中村留貴子	中安　信夫	成田　善弘	樋口　輝彦	本間　博彰
溝口　純二	村上　靖彦	守屋　直樹	若林愼一郎	